643 年，贞观名臣魏徵去世

649 年，唐太宗李世民去世

712 年，唐玄宗李隆基即位

754 年，鉴真到达日本

645 年，玄奘取经归来

690 年，武则天称帝

742 年，李白供职翰林院

编　者： 一米阳光童书馆成立于 2012 年 8 月，由几位志同道合的知名童书推广人和海归妈妈共同组建而成。童书馆以"每一本好书，都是照进孩子心中的一米阳光"为核心理念，用父母心，做平凡事，致力于用现代手法叙述传统故事，全力帮助每一位孩子爱上阅读，开启更加丰富的人生。

绘　者： 炅知文化手绘组，享誉国内的顶级手绘工作室，成立于 2015 年，团队成员来自游戏设计、壁画、影视、艺术品设计、舞台、雕塑、油画等行业，坚持精细化创作，致力于通过手绘方式为读者带来"革命性阅读体验"。

创作团队：
项目策划	刘祥亚
项目统筹	牛瑞华　张　娜　崔珈瑜
美术顾问	樊羽菲　支少卿　谢步平　王少波　程建新　徐　杨　申　杰　周　爽　邓称文
文字撰写	李智豪　沈仲亮　余瀛波　郭梦可　牛齐培　陈阳光　吴　梦

阅读建议

亲爱的读者朋友们，欢迎您打开这套书，走入中国历史文化的长廊，共同感受 5000 年中华文明的璀璨成果。为了便于大家阅读，特做出几点说明：

（1）此次历史文化之旅的起点是距今约 70 万到 20 万年之间的北京猿人，终点是 1912 年清帝退位。在几十万年的历史长河中，我们选择了 104 个专题，每个专题由两部分组成，第一部分是以手绘大图的形式进行历史场景的还原，第二部分是相关主题的知识问答（每个专题分设了 8~10 个小问题）。

（2）每个历史场景都像一个展览橱窗，展示了中国历史上的高光时刻，在欣赏画面的同时，还可以关注画面四周的文字，我们设置了许多与历史事件相关的知识点、兴趣点和思考点，家长陪伴孩子阅读和对画面进行讲解的时候，可以参考这些内容。

（3）专题知识采用一问一答的形式，在设置问题的时候，我们充分考虑了孩子的认知水平和兴趣点，并针对全国十余所中小学的学生做了上万份调查问卷，力求站在孩子的角度问出他们最感兴趣的问题，并用孩子听得懂的方式进行解答。

（4）每个专题既相对独立，又有时代上的联系性，可以作为随手翻开的历史百科书。我们在每册的开篇还设置了"历史长河站点示意图"，读者朋友们可以通过这个示意图查看每个主题的位置和关联。

图书在版编目（CIP）数据

隋唐盛世 / 一米阳光童书馆编；炅知文化手绘组绘 . -- 北京：北京联合出版公司，2020.12（2024.4 重印）
（手绘中国历史大画卷）
ISBN 978-7-5596-3801-4

Ⅰ.①隋… Ⅱ.①一… ②炅… Ⅲ.①中国历史—隋唐时代—儿童读物 Ⅳ.①K240.9

中国版本图书馆 CIP 数据核字(2020)第 187858 号

手绘中国历史大画卷4：隋唐盛世

编　者：一米阳光童书馆
绘　者：炅知文化手绘组
出品人：赵红仕
选题策划：阳光博客
责任编辑：周　杨
封面设计：阳光博客+李昆仑

北京联合出版公司出版
（北京市西城区德外大街83号楼9层　100088）
北京联合天畅文化传播公司发行
天津创先河普业印刷有限公司　新华书店经销
字数166千字　787毫米×1194毫米　1/8　8印张
2020年12月第1版　2024年4月第4次印刷
ISBN 978-7-5596-3801-4
定价：798.00元（全8册）

一米阳光童书馆◎编　　奥知文化手绘组◎绘

手绘中国历史大画卷 4

——隋唐盛世——

北京联合出版公司
Beijing United Publishing Co.,Ltd.

目 录

大运河

604 年，隋朝的第二任皇帝杨广即位（隋炀帝）。第二年，他下令开凿贯通南北的运河。隋朝大运河以东都洛阳为中心，北起涿郡（今北京），南至余杭（今杭州）。

有一座小屋孤零零地在山脚下，与周围热闹的气氛形成了鲜明的对比，你能找到这座小屋吗？

修建运河的民工

在古代，与陆路相比，水运不仅更加快捷，也更加便宜。川流不息的货船似乎也从侧面印证了当时水运的繁荣景象。你能找到这几艘船吗？

大运河的修建，让沿岸的城市迅速繁荣起来，瞧，曾经不起眼的小镇现在已经变得车水马龙了。

货船

沿岸小镇

←← 开通大运河总共用了多长时间？ →→

隋朝大运河共分为四段，由北到南分别为永济渠、通济渠、邗（hán）沟和江南河，全长约 2700 千米。

605 年（大业元年），为了沟通淮河和黄河，隋炀帝杨广下令征集百万人开凿从洛阳到清江（今江苏淮安）约 1000 千米长的通济渠，同年还发动十数万淮南百姓扩大了邗沟旧道，以沟通淮河与长江。

608 年（大业四年），他又发动百万余百姓开凿永济渠，沟通了黄河流域和海河流域，使永济渠成为隋朝重要的运输线。

610 年（大业六年），他又下令开凿江南运河，北起江苏镇江，南至浙江杭州，沟通长江与钱塘江。

至此，仅仅 6 年，连通中国海河、黄河、淮河、长江和钱塘江五大水系的隋朝大运河便修建完成，成为南北水路交通要道。

在隋朝大运河的基础上，唐代进行了坚持不懈的疏浚、修整和开凿

邗沟旧道是什么？

邗沟旧道指的是春秋时期吴王夫差开凿的人工运河，是大运河最早修建的部分。

公元前 486 年，为了攻打齐国，夺取霸主地位，吴王夫差调集民夫开挖邗沟，贯通长江和淮河，淮安、扬州两座历史文化名城也就此诞生。

如今的邗沟又称淮扬运河，全长 170 多千米，是大运河的重要组成部分。

杨广为什么要开凿大运河？

从政治上看，开挖大运河是为了维护中央的统治，加强对地方的控制与联系。

从经济上看，江南地区在经过南朝数代的开发后已经成为富庶地区，而河洛地区物资相对匮乏，通过陆路转运已经不能满足当地的需要，而开挖运河是最好的解决办法。

此外，修建运河还与隋炀帝的个人经历有关：他指挥了灭陈之战，之后长期在南方生活，对南方的繁华十分向往，而且他深知南北统一后仍然有许多差别，并未真正融合。因此，开挖运河还具有打通南北、达成真正统一的目的。

经过多年的分裂割据，隋初的钱币十分混乱。581 年（隋文帝开皇元年），隋文帝下令铸造五铢钱，严禁私铸钱币，五铢钱逐渐在全国流通

隋是如何统一全国的？

隋的统一大业是在北周的基础上进行的。

北周时期，周武帝宇文邕灭北齐，拥有了黄河流域和长江上游地区。隋取代北周之后，隋文帝杨坚本打算对长江以南用兵，但因为受到突厥人的侵扰，只好暂时作罢，并拟定了先打败突厥，后灭亡陈朝的统一策略。

杨坚采用了大臣长孙晟提出的"远交而近攻，离强而合弱"策略，利用突厥内部矛盾，让他们各部相互猜忌、攻杀，最终分裂为东突厥与西突厥。

584 年（开皇四年），沙钵略可汗迫于压力向隋朝求和，北方边疆隐患基本消除，为隋的统一解除了后顾之忧。

588 年（开皇八年），经过一番准备，隋文帝下诏攻陈。《隋书》记载，三路大军共分八队，主力军杨广出六合，杨俊出襄阳，杨素出永安，刘仁恩出江陵，王世积出蕲（qí）春，韩擒虎出庐江，贺若弼出广陵，燕荣出东海。隋军势如破竹，仅用了两个月，便攻入建康，俘虏陈后主，其余各地也纷纷投降。

至此，五胡十六国 270 多年来分裂割据、战乱不止的局面结束，中国重新统一于一个政权之下。

开凿大运河引发了隋朝的灭亡吗？

大运河促进了南北方经济、文化交流和城市的发展繁荣，在维护王朝稳定、调节社会经济方面也发挥了重要作用。

但在当时，为开凿运河，杨广下令调征河南、淮北诸郡百余万百姓，所动用的物力和财力也是空前的。由于工程时间长、工作强度大，很多民工在修河的过程中死去，因此当时的百姓非常怨恨隋炀帝，这也为后来隋朝的灭亡埋下了隐患，以至于后世提到隋炀帝，往往会与"暴君"挂钩。

隋炀帝真的是暴君吗？

隋炀帝是个复杂的人物。他怀有远大的志向，这从他的年号"大业"上就可以窥见一斑，他也确实完成了许多大业，比如开挖贯通南北的大运河，沿用千年至今不衰；远征河西走廊，重新打通丝绸之路，是中国历史上唯一一个到达过西域的帝王；开创进士科，打破了原来贵族对官职的垄断，这项制度一直延续了上千年……这些功业足以让他名留青史。

他之所以留下"暴君"的名声，一方面在于性格过于急躁，缺乏他的父亲杨坚那样刚柔并济的能力；另一方面，他上马了太多大工程，滥用民力，导致民怨沸腾，尤其是三征高句丽失败，最终甚至葬送了江山。所以，隋炀帝属于"急政"，而非"暴政"。

隋炀帝的"暴君"之名还有一些来源于后世史家的渲染，比如广为流传的"龙舟故事"——三下江都（今扬州），沿途奢靡至极，据说龙舟上有千名美女手执雕版镂金的船桨。

隋炀帝南巡

其实，这些都是后世的杜撰，隋炀帝乘坐龙舟下江南的目的，只是测试刚刚开通的大运河的水力。

唐宋时期的大运河状况如何？

唐宋时期，大运河始终是连通整个南方与北方的交通大动脉，并在促进商贸往来、经济发展方面起到了巨大的推动作用。江南富庶之地出产的稻米，通过运河送入京师，供养着三军士庶，从扬州到长安最快只需40天。

南宋时期，随着政治中心南移、航海贸易的兴起，通济渠、永济渠的漕运地位逐步减弱，再加上每年缺少清淤治理，运河河床逐渐淤塞断流。

古代的漕运码头（复原图）

元代的大运河叫什么名字？

元代的大运河就是大名鼎鼎的京杭大运河。

元朝定都大都（今北京）后，要从江浙一带运粮到大都。但隋朝大运河在海河和淮河中间的一段，是以洛阳为中心向东北和东南伸展的。为了避免绕道洛阳，元朝将大运河拉成一条直线，由大都直通杭州，大大地缩短了航运距离。

但这也产生了一个问题，由于天气、地势等原因，运河河道经常淤积，漕船经常不能如期到达。为了弥补运河的缺陷，元朝中后期主要通过海运运粮。

明代的水利工程师是否解决了运河的缺陷？

到了明朝，统治者实行海禁政策，海运受阻，重新疏通运河就显得非常重要。尤其是明成祖朱棣要迁都北京，亟须疏通南北运输通道。

当时大运河只有三段能够通航，其他环节都要通过陆路转运。明成祖先是派工部尚书宋礼疏通了山东境内的会通河，并形成了一个巨大的水库——南旺湖，解决运河水浅的问题。此后，他又命陈瑄总督漕运，陈瑄进一步疏通运河，开凿了淮安境内的清江浦。自此，运河经清江浦进入黄河，漕船一路都不用转运陆路了。

大运河在明清两代成为经济大动脉，直到近代海运和现代陆路交通兴起以前，大运河的货物运输量一般能占到全国的四分之三，而且明清两代最繁华的商业中心也基本上都集中在运河沿线。

到了今天，作为世界上最长的人工运河，大运河的运输功能已经极大弱化，但是历史文化价值正在不断突显。

2014年，大运河（包括隋唐大运河、京杭大运河、浙东运河三大部分十段河道）被列入世界文化遗产，成为中国第46个世界遗产项目。

无锡古运河风光

虎牢关破双王

唐朝初年，秦王李世民在虎牢关大败王世充和窦建德，因为两人都是割据政权的皇帝，所以称为"双王"。经此一役，中国北方统一，唐朝版图的基础得以奠定。

你能在画面中找到程咬金率领的从侧面偷袭的军队吗？

虎牢关

李世民

拒马

在这样危急的时刻，画面中竟然有一排士兵正在接受长官的训话，他们打算做什么呢？

画面中，李世民的坐骑叫"青骓"，是"昭陵六骏"之一，其他"五骏"叫什么呢？聪明的你快去寻找答案吧！

程咬金

夏军

唐 唐 唐 唐

你能在画面中找到窦建德被活捉的场面吗？提示：你应该去最大的营帐旁找一找。

拒马是一种木制的、可移动的障碍物，将木柱交叉固定成架子，架子上镶嵌刃、刺。在战斗中可以阻止和迟滞敌人军马的行动，并杀伤敌人。你能在画面中找到拒马吗？

7

虎牢关因何而得名？

虎牢关，因周穆王将四方诸侯敬献的猛虎圈养于此而得名。这里是古都洛阳东边的门户和重要关口，南连嵩岳，北靠黄河，群山交错，自成天险，历来都是兵家必争之地。

历史上有不少著名战役在虎牢关打响：战国时期，齐、楚、燕、韩、赵、魏六国驻兵虎牢关，和秦国进行对抗；楚汉争霸时，刘邦和项羽在虎牢关也进行过激烈战斗；当然，最为著名的要数《三国演义》中"三英战吕布"的经典片段，给这里渲染了浓厚的传奇色彩。

年画《虎牢关三英战吕布》

李世民都有哪些对手？

隋炀帝三征高句丽失败后，全国各地爆发了很多起义，贵族豪强也纷纷起兵，于是出现了很多地方割据政权。

隋炀帝的表兄、晋阳（今太原）太守李渊也起兵反隋，并很快攻占首都长安，建立了新政权"唐"。不过，当初李唐政权的势力范围只有关中和河东一带，尚未统一全国。

在扫除群雄、统一天下的战斗中，李渊的儿子李世民战功赫赫，发挥了重要作用。经过几年的兼并战争，李世民先后消灭了西秦霸主薛仁杲（gǎo）、凉州军阀李轨、河东的刘武周和宋金刚，最后剩下两个最大的对手——洛阳的王世充和河北的窦建德。

王世充和窦建德为什么被称为"双王"？

王世充和窦建德都是隋朝末年割据政权的领袖，虎牢关战役之前，他们都已经称帝，所以被称为"双王"。

那他们两个又是如何起家的呢？

王世充本来姓支，是西域的胡人。隋炀帝时，他任江都丞，经常趁着隋炀帝巡游江都的机会阿谀奉承，逐步得到了隋炀帝的宠信。但他却暗中收买人心，结交豪杰，发展自己的势力。隋炀帝死后，越王继位，作为洛阳留守的王世充逐渐把持了朝政。后来，王世充又打败了李密领导的瓦岗军，占领了李密原来的地盘，势力范围从洛阳扩展到整个河南地区。王世充还把瓦岗军中的诸多名将也纳入麾下，包括秦叔宝、程知节（也就是程咬金）、罗士信、裴仁基和单雄信等。后来，王世充干脆废掉了皇帝，自立为帝，国号为郑。

窦建德原本也只是隋炀帝时的一个低级军官，但他注重义气、信守承诺，深得乡亲们敬重。611年（大业七年），隋炀帝招兵征讨高句丽，窦建德被委任为二百人长。但一路上看到百姓因为战事连连苦不堪言，他于心不忍，便改变了主意，带着几百人在河北境内的高鸡泊落草为寇，起义反隋。

当时盗匪横行，到处烧杀抢掠，但或许是钦佩窦建德的为人，都不去他的家乡骚扰。官府认定窦建德跟盗匪们相互勾结，把他的亲人全杀光了。窦建德愤怒不

京剧脸谱中的瓦岗英雄——程咬金和黄天霸

已，为了增强实力，就投奔了当时另一个势力较强的起义军首领高士达。他们的队伍日益壮大，高士达死后，窦建德成为首领，他的军队有10万多名精兵强将。618年，窦建德自称夏王，建立夏国，雄踞河北。

虎牢关之战是如何爆发的？

为夺取中原，李渊采取先郑（王世充）后夏（窦建德）、各个击破的策略，620年，他命令李世民领兵8万向东攻打王世充。

李世民一路势如破竹，将洛阳城团团围住，但是数十次攻城都失败了，战争进入相持阶段。王世充知道这样下去不是长久之计，于是写信向河北的窦建德求援。窦建德显然很明白唇亡齿寒的道理，亲率10万大军，前去支援王世充，向虎牢关进军。

李世民是如何做到"一战破双王"的？

这时候，李世民的军队陷入了腹背受敌的境地，很多将领建议暂时撤退。但是李世民力排众议，将军队分为两部分：一部分继续围困洛阳城的王世充守军，另一部分去对抗窦建德的援军。

李世民亲率 3500 名精锐士兵，前往虎牢关，阻击窦建德的 10 万大军。由于双方力量悬殊，李世民决定依靠虎牢关易守难攻的特点，一直坚守不出，消磨夏军的斗志。

一个多月后，双方迎来了正面决战。李世民先将 1000 多匹战马放到黄河边上，造成离开的假象，等到夜晚，又悄悄返回。第二天一大早，窦建德决定全线出击，大军在虎牢关前一字摆开，南北绵延 20 多里。中午时分，等到敌军饥渴难耐、疲惫不堪，李世民果断率领精锐部队杀向窦建德阵营，将其"一字长蛇阵"冲击得七零八落，首尾不能相顾。

虎牢关一战，以李世民率领的唐军完胜、窦建德被俘、王世充被逼降而告终，成就了李世民"一战破双王"的历史美名。

李世民，出身于关陇贵族，是唐高祖李渊的第二个儿子。李世民小时候就聪明果断，勇武有力，16 岁时曾在战争中救过隋炀帝杨广，从而声名鹊起

李世民为什么要纪念他的战马？

提到李世民的军功，就不得不提著名的文物"昭陵六骏"浮雕。

昭陵，是唐太宗李世民死后的陵墓，位于今天陕西礼泉。六骏，是李世民在各大战役中先后骑过的战马，分别名为"拳毛䯄（guā）""什伐赤""白蹄乌""特勒骠""青骓""飒露紫"。

这些马的名字带有浓厚的西域风情，每一匹马都承载着一段辉煌的功勋。例如，拳毛䯄为平定刘黑闼（tà）时所乘，青骓为平定窦建德时所乘，飒露紫为平定王世充时所乘，白蹄乌为平定薛仁杲时所乘，特勒骠为平定宋金刚时所乘。

为纪念这六匹战马，李世民令工艺家阎立德和画家阎立本用浮雕描绘六匹战马，并列置于陵前。

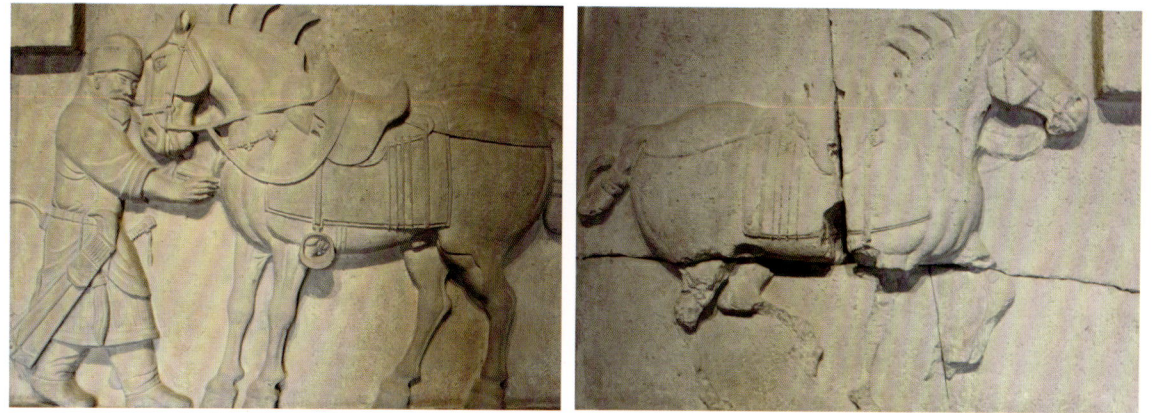

"昭陵六骏"之飒露紫（复制品，左）、特勒骠（右）

知识拓展："昭陵六骏"现在在哪里？

作为中国美术史上最著名的浮雕艺术品，昭陵六骏也经历了一番坎坷浩劫。1914 年，六骏浮雕中保存最好的"飒露紫"和"拳毛䯄"被盗运至美国，现存于美国费城宾夕法尼亚大学博物馆内。1918 年，文物贩子企图将剩余的四骏浮雕砸成小块再次运走，但被当地民众发现，拦截下来。这四骏经过拼合修复，现存放于西安碑林博物馆内，但都有残缺。为了让六骏"合体"，我国石刻工艺大师又根据照片和拓片复制了远在美国的"飒露紫"和"拳毛䯄"，一起陈列在碑林博物馆。

2002 年到 2005 年，陕西省考古研究所对位于陕西礼泉的唐昭陵北司马门遗址进行了全面发掘和清理，发现了三块昭陵六骏的残片，其中两块分别与六骏中的"什伐赤"和"青骓"成功对接，没有对接成功的一片可能属于远在美国的两匹马。这说明，在昭陵六骏被砸碎盗运之前，很可能已经在战争中被损毁或被人为破坏过。

西安碑林博物馆是陕西创建最早的博物馆，以收藏、陈列和研究历代碑刻、墓志及石刻为主

马槊（shuò）的外形与矛接近，只不过马槊的长度更长，光槊锋就有半米多长。你能在画面中找到马槊吗？

玄武门之变

626 年 7 月 2 日（唐高祖武德九年六月初四），李世民伏兵在玄武门内，诛杀了太子李建成和齐王李元吉，这就是历史上的"玄武门之变"。

你注意到了吗？画面中只有一个人的武器是战锤，他在哪儿呢？

太子李建成

虽然参与这场政变的人并不多，但是依然有人伤亡。你能找到这个中箭倒地的士兵吗？

太子李建成中箭倒下了！他身边的一个侍卫竟然用头盔挡住了一箭，真是太幸运了！你能找到这个幸运儿吗？

玄武門

李世民

李元吉

尉迟敬德

看到李建成中箭，李元吉对着李世民的方向连忙拉弓射箭，谁知，尉迟敬德已经悄然逼近。你能在画面中找到这一幕吗？

一个士兵的功夫了得，竟然在奔驰的马背上弯下腰身，躲过了袭击，快把这个好身手的士兵找出来！

11

← 李世民与李建成的矛盾是如何激化的？ →

李渊称帝后，长子李建成被立为太子，李世民被封为秦王，李元吉被封为齐王。在李渊夺取天下的过程中，几个儿子都立下了汗马功劳，只有李建成因为是中宫太子，失去了积蓄军事实力和提高声望的机会，但在长安城内以及宫廷内部却有相当强的控制力。

在面对刘武周进攻时，李元吉曾弃城而逃，从而失去民心，退出了皇位争夺，转而与太子合作，希望能够从中获利。

秦王李世民则凭借其出色的军事才能，破薛仁杲、刘武周等人，生擒窦建德，降王世充，声望日隆，威名日盛。

此后，朝堂上形成两大对抗势力：一方为太子李建成和齐王李元吉，占据正统以及朝廷优势；另一方为秦王李世民，他在征战期间"谋臣猛将，并在麾下"，实力也不容小觑。

李渊虽曾努力弥缝两者之间的关系，但为了争夺皇位，两兄弟间已成水火之势，矛盾一触即发。

唐代晚期的长安城在战火中遭到严重破坏，重建后，玄武门已不复存在。图为南京明城墙的后开城门，也叫玄武门

李渊有几个儿子？

根据历史记载，唐高祖李渊共有22个儿子，其中窦皇后所生的嫡子有4个，分别是大儿子李建成、二儿子李世民、三儿子李玄霸、四儿子李元吉。李玄霸又名李元霸，去世很早，《隋唐演义》等后世小说把他塑造成盖世英雄，不过是民间传说而已。

李渊（566—635年），出身关陇贵族，与隋炀帝杨广是表兄弟关系，隋朝末年起兵建立唐朝，后世称为唐高祖

玄武门在哪儿？

玄武门是唐长安宫城的北门，位于长安城中央的最北部，是文武百官上朝的必经之地。

唐朝宫城包括太极宫、东宫和掖庭宫，太极宫南面为皇城，东西两侧为东宫和掖庭宫，都比较安全，唯独北边既无其他建筑阻挡，北正门玄武门又距离当时的政治中枢太极殿最近，能以迅雷不及掩耳之势发动政变。

因此，玄武门的地位就显得极为重要。

玄武门之变是如何发生的？

626年7月1日（唐高祖武德九年六月初三己未日），太白金星在白天出现于天空中，按照古人的看法，这是"变天"的象征，代表有大事要发生。朝中精通天文历数的大臣傅奕秘密向唐高祖上奏道："金星出现在秦地的分野上，这是秦王应当拥有天下的征兆。"

李渊将傅奕的密奏给李世民看。李世民趁这个机会向高祖告发李建成和李元吉与后宫的嫔妃淫乱，以及想要谋害自己的阴谋。李渊听了之后非常吃惊，答应第二天就过问此事。

第二天，李世民派尉迟敬德等人潜伏在玄武门内，谁知，李建成、李元吉经过玄武门附近时，竟然觉察到了情况异常，立即掉头折回。李世民一不做二不休，带领人马追过去，一箭射死了李建成。随后，李元吉也被赶来的尉迟敬德射死。

尉迟敬德和秦叔宝都是隋末唐初的名将，后来他们两人成了后世尊崇的门神

东宫和齐王府的部属得知这一消息后，率 2000 名精兵强将赶到玄武门，当时的玄武门已经被李世民的部下关闭，双方一番交战后，李世民一方获得了胜利。

李渊见大势已去，只好交出兵权，并立李世民为太子。两个月后，李渊退位为太上皇，李世民成功登上皇帝的宝座。

为了这次政变，李世民都做了哪些准备？

玄武门之变看似突然，其实一直在酝酿之中，只是在等待一个合适的契机。为了这一天，李世民其实做了大量的准备。

第一，李世民团结笼络了一批能人，比如著名的文臣房玄龄、长孙无忌等，著名的武将尉迟敬德、程咬金等。

第二，李世民一直掌握着军权，是一个名副其实的实力派，为树立个人威信增加了很大的砝码。

第三，李世民还注意策反、收买、分化李建成、李元吉的部属，并在他们身边安插自己的眼线，使得他对二人的动向了如指掌，这一点也在后来的政变中发挥了重要作用。

宋代画家所绘《十八学士图》，描述的就是李世民秦王府的班底

玄武门之变中，还有什么人起到了关键作用？

玄武门之变中，除了我们熟知的人物，还有一个小角色也起到了关键作用，他就是常何。

常何早年参加过瓦岗军，后来投降唐军。早在 620 年，他就跟随李世民平定洛阳。后来，李世民将他调入京城，安插在玄武门值守，并替自己收买禁军。

在李世民的安排下，常何当上了玄武门的禁军统领，官职不高但位置重要。太子李建成不知道他是李世民的眼线，还拉拢他，把他看作心腹，对他没有丝毫防备之心。结果，在常何的帮助下，宫中卫队早已倾向李世民一方，李建成却对此一无所知，以至于在玄武门之变中丧命。

常何很长寿，一直活到了李世民的儿子唐高宗时期，成了三朝元老。

与李世民相比，李建成、李元吉真的一无是处吗？

其实，李建成、李元吉并不是碌碌无为之人，他们都曾为唐朝的建立立下赫赫战功。

李建成曾参与指挥了西河之战、霍邑之战、潼关之战、长安之战，显示出卓越的战略眼光和军事才能。李渊登基后，李建成被立为太子，开始常驻宫内处理事务，而且在父亲外出时坐

镇长安"监国"，代理朝政，成为文官集团的代表。

李元吉也是骁勇善战之人，他最擅长的是使用马槊，很少有敌手。在著名的"虎牢关之战"中，李世民去拦截窦建德的援军，李元吉就被留下继续围困王世充，并伏击成功，生擒敌方大将，击溃了王世充的心理防线。

但即便如此，在残酷的宫廷政变中，不敌对方的他们只能成为政治牺牲品。

后世对于李世民发动政变的态度为何如此宽容？

在玄武门之变中，李世民杀了自己的亲兄弟，逼父皇李渊退位，而且还把李建成和李元吉的儿子也全部杀死，家人全部除籍。

这可能与北方少数民族尚武的斗争遗风有一定关系。李渊和杨坚一样，都是出身北方六镇的军人世家，通过杀伐父子兄弟来夺取权力的情况非常普遍，隋炀帝杨广也是通过杀兄逼父登上皇位的。

不过，放到历史长河中看，玄武门之变开创了贞观之治的局面，迎来了大唐盛世的繁荣景象。后世史官对李世民发动玄武门之变基本都抱有同情、理解甚至赞扬的态度，就是基于李世民夺权后能够励精图治、休养生息，不拘一格使用人才，将中国传统农业社会推向一个高度繁荣时期。

唐代彩陶主要以黄、绿、白三色为主，泛称"唐三彩"。肥壮的骆驼和孔武有力的武士，展示了大唐的强盛

贞观名臣魏徵

提到贞观之治，后世的人们往往会提到"房谋杜断"，也就是名相房玄龄和杜如晦，然而在唐太宗本人看来，房玄龄和杜如晦的功劳主要在创业时期，魏徵才是贞观之治的首功之臣。

唐太宗怒气冲冲的样子把宫女们吓得不轻，但是长孙皇后的一番话却让他很快就消了气。长孙皇后说了什么？去第17页找答案吧!

魏徵

圈椅起源于唐代，是一种圈背连着扶手，从高到低一顺而下的椅子，可使人的臂膀都倚靠在圆形的扶手上，感到十分舒适。画面中有一把圈椅，你能找到吗?

什么是"戒奢屏"？唐太宗为了警示自己，命人将魏徵的一篇奏章（《十渐不克终疏》）的全文写于屏风之上，供自己日夜警戒。戒奢屏在哪儿呢？

唐太宗

长孙皇后

宣政殿是唐代长安城大明宫中的第二大殿，是皇帝日常听政的地方。请找到这些站在龙椅后面的宫女。

在朝堂上，魏徵的直言敢谏惹怒了唐太宗，大臣们纷纷指责他下犯上。画面中有一个大臣看到这一幕，陷入了沉思，他在什么地方？

根据《资治通鉴》记载，唐太宗李世民曾特别指出："贞观之前，从朕经营天下，玄龄之功也。贞观以来，绳愆纠缪，魏徵之功也。"

魏徵最大的贡献是为当时的国家治理指明了方向，使政权完成了从"马上打天下"到"马下治天下"的转型。

根据《贞观政要》记载，太宗皇帝即位两个月之后，开了一次重要的会议，关于用何种方式治理百姓，出现了"王道"和"霸道"两种不同的意见。宰相封德彝认为，长期战乱，人心不古，应该实行高压的法制来治理，以武力镇服周边民族，他代表的是关陇军事贵族崇尚武力的传统。

位于山西省太原市晋祠公园的唐太宗君臣群雕，由唐太宗李世民及其勋臣长孙无忌、魏徵、李勣（jì）等组成

对于这种观点，魏徵坚决进行驳斥，他认为大乱之后，人心思治，应该以仁政治理天下。太宗皇帝采纳了魏徵的建议，后来的历史发展也证明了魏徵的判断是正确的。

魏徵曾是太子旧党，唐太宗为什么还会重用他？

魏徵曾先后跟随瓦岗军的李密和河北的窦建德，与山东豪杰关系密切。窦建德失败后，魏徵来到长安，投奔太子李建成帐下，官拜太子洗马。

唐太宗政变成功后，听说魏徵以前经常劝李建成把自己安排到别的地方去，就派人质问魏徵："为何要离间我们兄弟？"

魏徵直言："要是太子按照我说的去做，就没有今日之祸了。"

这样的回答如果被别的皇帝听到，一定会勃然大怒。但唐太宗反而觉得魏徵说话直爽，对他很欣赏，于是赦免了魏徵。

不仅如此，他还听取了魏徵的意见，允许太子旧部参加李建成和李元吉的丧礼，政治局势很快稳定下来。这再次反映了魏徵和唐太宗的政治智慧。

贞观之治是如何出现的？

在政治上，唐太宗施行仁政，轻徭薄赋，让百姓得到充分的休养生息；

在经济上，他既重视发展农业，也扶持商业发展，使经济得到了迅速恢复；

在外交上，他加强了对西域等边疆地区的管辖，以及与亚洲各国的友好往来；

在文化上，他大力奖励学术，在长安设国子监吸收外国留学生，新罗、日本等国都曾派出留学生来华求学，这也极大地扩大了唐朝的影响力。

贞观之治是一个令人向往的时代，也为后来唐朝的"开天盛世"奠定了重要的基础。

知识拓展：《贞观政要》与贞观之治有什么关系？

《贞观政要》是唐代史学家吴兢写的一本史书，书中详细记录了唐太宗与魏徵、房玄龄、杜如晦等大臣讨论政事的内容，包括君臣的问答，大臣们的劝谏、奏疏，皇帝的诏书，等等，涉及政治、经济、军事、文化、社会、思想、生活等方方面面，是帮助我们了解这段历史的重要资料。

《贞观政要》主要写于唐玄宗开元、天宝时期，当时唐朝盛极一时，但也有了盛极而衰的苗头，吴兢希望借助这本书来重张唐太宗时期的施政方针，比如与民休息、重视农业、重用人才、恭俭节用、居安思危等。

这本书从晚唐开始受到历代统治者的重视，唐宣宗曾把这本书的内容刻在屏风上，经常严肃地"拱手而读之"。

辽、金、元等少数民族政权的统治者还曾把它译成本民族文字，让官员们认真研读。这既体现了这本书的影响力，也体现了"贞观之治"的影响力。

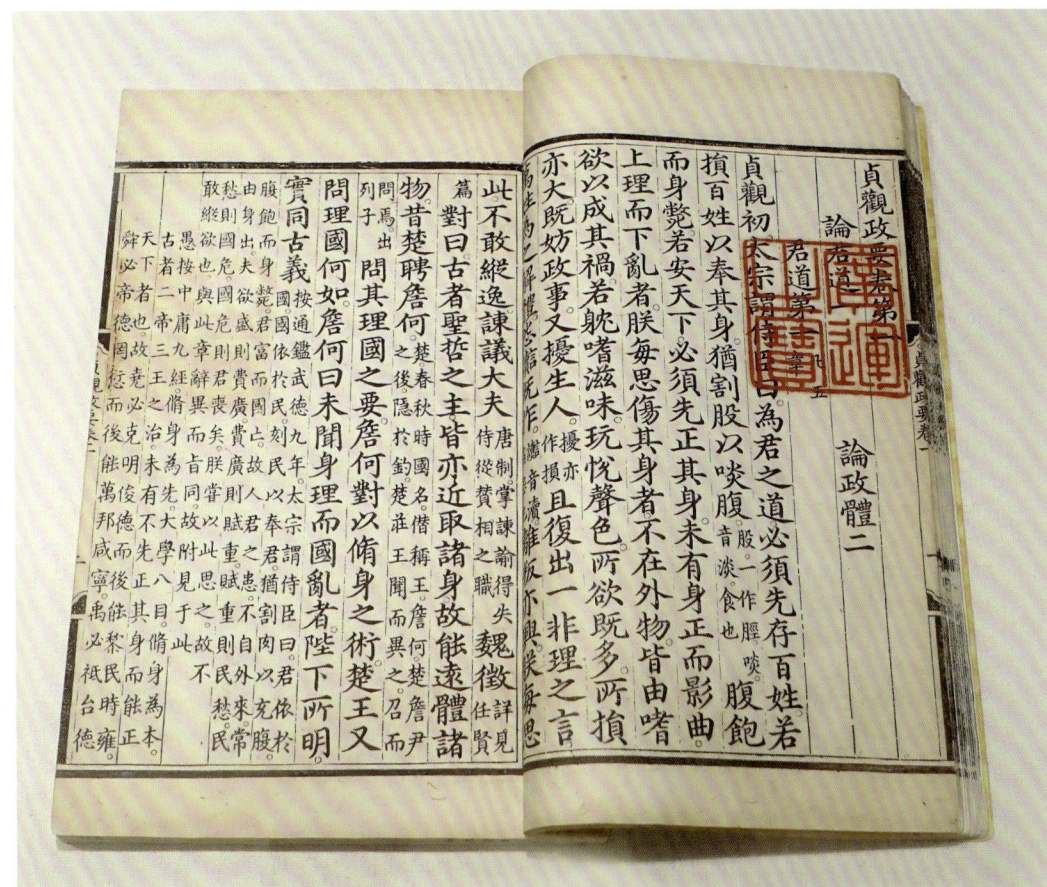

《贞观政要》

作为贤臣，魏徵最大的特点是什么？

魏徵最大的特点就是"敢说"，特别是当唐太宗做错事的时候，他总是能坦率坚定地指出。

据史书记载，魏徵当面向唐太宗提意见就有 50 次，呈送奏疏提意见有 11 次，一生提出的谏言多达数十万言。魏徵给唐太宗提的意见不仅次数多，而且毫不客气。他曾写过一篇《十渐不克终疏》，列举了李世民执政之初到后期的十个变化，包括搜求珍玩、劳役百姓、亲昵小人、疏远君子、崇尚奢靡、频事游猎、无事兴兵等，直言不讳地批评了唐太宗。

难能可贵的是，唐太宗对魏徵的谏言非常重视，基本照单全收。魏徵死后，唐太宗对其他大臣说："以铜作为镜子，可以端正自己的衣冠；以古史作为镜子，可以知晓兴衰更替；以人作为镜子，可以看清得失。现在魏徵去世，我少了一面镜子。"

魏徵像

昭陵

魏徵的直言敢谏得罪过唐太宗吗？

据《资治通鉴》记载，有一次，魏徵上朝进谏，与唐太宗针锋相对，让他非常没有面子。退朝后，唐太宗怒气冲冲地对长孙皇后说："我总有一天要杀了这个乡巴佬。"

谁知，长孙皇后了解情况之后，却高兴地说道："恭喜皇上，魏徵敢当面刁难是因为皇上你是明君啊，明君自然有贤臣相助。"

唐太宗听完大喜，从此之后，他更加励精政道，虚心纳谏。

为什么说长孙皇后也是贞观功臣？

长孙皇后是唐太宗的皇后，也是他最心爱、敬重的妻子。她出身关陇贵族，父亲是隋文帝时期赫赫有名的武将，哥哥长孙无忌从小就和李世民是好朋友。她 13 岁时就嫁给了李世民，从此一直在他身边鼎力相助。

长孙皇后以贤德著称，她酷爱读书，梳妆打扮时，手里还经常捧着书卷。知识渊博的她经常和唐太宗讨论古今大事，劝他施行仁政，并用自身的影响力保护着朝廷中魏徵、房玄龄这样的忠臣，为形成"贞观之治"发挥了独特的作用。

唐太宗和长孙皇后非常恩爱，可惜的是，长孙皇后在 36 岁时就因病去世了。她死后，唐太

唐太宗和魏徵的君臣关系还经历过哪些波折？

魏徵于 643 年（贞观十七年）因病去世。一开始，唐太宗很伤心，甚至有五天都没上朝，但不久后发生的一件事，让他对魏徵的态度有所转变。当时，侯君集和杜正伦卷入太子李承乾谋反案被治罪，这两个人都是魏徵向唐太宗推荐的，所以，唐太宗怀疑魏徵跟他们是同伙，气愤地取消了衡山公主与魏徵长子魏叔玉的婚约，还下令推倒了魏徵的墓碑。

645 年（贞观十九年），唐太宗亲征高句丽，虽然斩杀俘获了大量敌军，缴获了大量牛马、装备和物资，但并没有彻底消灭高句丽，还让唐军损失了近 2000 名战士和 8000 匹战马。

唐太宗对这一战绩很不满意，想起了总是对他直言相劝的魏徵，后悔地说："如果魏徵还在，一定不会让我这样做的。"

于是，他又重新为魏徵立了墓碑，并举行祭祀仪式，表达对魏徵的怀念。

位于河北省晋州市的魏徵公园

协和万邦天可汗

　　贞观年间，由于国力昌盛且民族政策开明，唐朝周边的各少数民族纷纷表示臣服，并尊称唐太宗为"天可汗"，也就是天下各民族的首领。

这样隆重的庆典上，有一个人却显得有些心不在焉，他在看什么呢？

长孙皇后

唐太宗

各少数民族首领

靺鞨（mò hé）分为七部，都有编发的传统，其中黑水靺鞨还会插上野鸡的尾巴作为冠饰。根据以上描述，你能找到来自黑水靺鞨一部的人吗？

太庙

两位少数民族的首领在激烈地讨论着什么，难道他们并非真心臣服吗？快把这两个人找出来！

这种发型叫"回鹘（hú）髻"，通常是将头发绾成椎状的髻式，髻上戴一顶缀满珠玉的桃形金冠，上缀凤鸟，两鬓一般还插有簪钗，耳边及脖颈处各佩许多精美首饰，在唐朝贵妇及宫廷妇女中间广为流行。

19

"天可汗"这个称号是什么时候出现的？

6 30年（贞观四年），名将李靖率三千铁骑击破东突厥，活捉东突厥的颉（xié）利可汗后，唐太宗在太庙举行了盛大的献俘仪式。仪式上，有很多少数民族首领出席，他们尊称唐太宗为"天可汗"。

621年（武德四年），还是秦王的李世民在虎牢关打败窦建德，逼降王世充，为唐朝统一奠定了基础。凯旋后，李世民身穿金甲，带着几万名士兵在太庙举行了声势浩大的献俘仪式。

648年（贞观二十二年），大将王玄策击败天竺，押解天竺国王阿罗那顺回到长安，李世民大喜，将阿罗那顺献俘于太庙。

什么是"太庙"和"献俘"？

太庙是古代皇家的宗庙，供奉着皇帝先祖及历代皇帝的神位，是皇家专门的祭祀场所。

献俘是一种祭祀仪式，皇帝取得大的军事胜利或功绩之后，一般会到太庙举办献俘仪式，向祖先禀明自己的战功，彰显荣耀。

李靖是如何征服东突厥的？

李靖是唐朝初期著名的军事将领，为唐王朝的建立和政权巩固立下赫赫战功。他最著名的功绩便是击灭东突厥。

东突厥原是北方一个强大的少数民族政权，经常侵扰中原。唐高祖时期，由于天下初定，局势不稳，只能对东突厥采取求和政策，甚至曾经屈辱地对东突厥称臣。到了唐太宗时期，国力增强，唐太宗决定对东突厥主动出击，一雪前耻。

629年开始，唐太宗命李靖、李勣等人率领十几万大军分道攻打东突厥。李靖率领3000名精锐骑兵打头阵，在夜幕的掩护下，一举攻入定襄城内，大获全胜。东突厥的颉利可汗仓皇逃跑，派人向唐朝求和。

李靖又向唐太宗献计，派使者去安抚颉利可汗，并借机突袭东突厥军队。东突厥军四散而逃，李靖大军随即赶到，杀敌10000余人，俘虏十几万人，缴获牛羊数十万只。颉利可汗在逃跑时被擒获，东突厥从此宣告灭亡。

由于战功赫赫，李靖也一直荣耀加身，被册封卫国公，成为"凌烟阁二十四功臣"之一，死后还得以陪葬于昭陵。

唐代名将李靖在后世演变成了神话故事里的托塔李天王

这些少数民族是真心臣服的吗？

是的，各少数民族对唐朝的臣服是心甘情愿的，这一点在整个古代历史上也是很少见的。

649年，唐太宗逝世后，有几百名少数民族首领前来吊唁，纷纷悲恸地放声大哭，有的剪断头发，有的用刀划破脸颊、割

明清时代保存下来的北京太庙
历朝历代都设有太庙，但随着时间的流逝大多被破坏，隋唐时期的太庙只剩下旧址

去耳朵，还有的甚至请求让自己殉葬。

在昭陵外，竖立着两排"十四国蕃臣石像"，代表臣服于唐朝的 14 个少数民族首领，护卫着昭陵。这也显示了"天可汗"的崇高威望。

唐代画家阎立本《职贡图》，描绘了唐太宗时期婆利国和罗刹国千里迢迢前来朝贡的情景，现藏于台北"故宫博物院"

唐朝时主要有哪些少数民族？

唐太宗时，周边有许多少数民族：北部及西北部有突厥、回纥、吐谷浑、薛延陀；东北部有高句丽、靺鞨族；西南有吐蕃、六诏；西部有龟兹等西域诸国。

这些少数民族跟唐朝的关系不一，有的向来友好，有的通过和亲结成同盟，有的在战争中被消灭，但他们最终都臣服于强大的唐朝，从而铸就了一个多民族融合、交流、和谐共荣的开明盛世。

为维护边疆稳定，唐太宗都采取了哪些措施？

唐太宗的民族政策是比较开明的，刚柔相济、恩威并施，"降则抚之，叛则讨之"。他采取的具体措施包括战争、册封、和亲、设立行政机构、与少数民族贸易往来，等等。

唐太宗时期国力强盛，先后取得了对东突厥、吐蕃、吐谷浑、高昌、焉耆、西突厥、薛延陀、高句丽、龟兹等国的用兵胜利，对周边少数民族形成强大震慑。为了更好地管理西域，唐太宗在西北地区设立了安西都护府，加强军事管理，成为丝绸之路上的重要堡垒。

对于一些比较友好的少数民族，唐太宗采取怀柔政策，比如，册封回纥首领骨力裴罗为怀仁可汗，册封南诏首领皮逻阁为云南王，与吐蕃首领松赞干布和亲等。

唐代突厥石人

唐太宗还十分重视与少数民族的贸易往来，设立了官方茶马互市，用茶换取战马和耕牛，还设置了互市监，对互市贸易进行有效管理。这也促进了边疆民族地区的经济发展。

哪个少数民族和唐朝的关系最好？

和唐朝关系最好的少数民族是北方的回纥。他们一开始就对唐称臣，所以双方一直保持着友好关系。

唐太宗消灭东突厥后，回纥又配合唐军灭了薛延陀汗国，成为北方势力最强的少数民族。唐太宗还册封其首领骨力裴罗为怀仁可汗。

在许多关键时刻，回纥都坚定地跟唐朝并肩作战。比如，回纥曾经出兵帮助唐朝平定安史之乱，作为回报，唐朝开始跟回纥开展绢马贸易，帮助回纥发展经济。在唐政府的支持下，回纥还联合安西、北庭两都护府，共同抵御吐蕃对西域的进攻。

唐朝还与回纥保持着和亲关系，756 年，葛勒可汗把自己的女儿嫁给唐朝敦煌王，此后，唐朝先后有 6 位公主嫁到回纥。

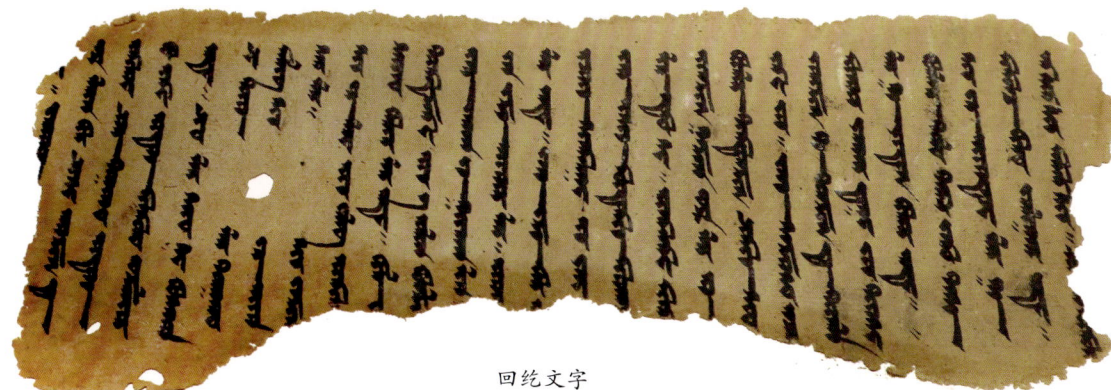

回纥文字

知识拓展：什么是"边塞诗"？

由于唐朝人经常在边疆作战，所以诞生了一种特别的诗歌流派——边塞诗。唐朝的边塞诗有近2000 首，大多豪情万丈、雄浑壮美，体现了大唐金戈铁马的昂扬精神，有的还抒发了边疆将士建功立业的抱负和思乡之情。

著名的边塞诗人有王昌龄、王翰、王之涣、岑参、高适、李益等，他们留下的边塞诗名句数不胜数，例如"黄沙百战穿金甲，不破楼兰终不还""醉卧沙场君莫笑，古来征战几人回""但使龙城飞将在，不教胡马度阴山""羌笛何须怨杨柳，春风不度玉门关"，等等。

唐太宗本人也写过边塞诗，现存的有一首《饮马长城窟行》，是为纪念消灭东突厥的胜利而写的。诗中既描写了塞外独特的风光（"塞外悲风切，交河冰已结。瀚海百重波，阴山千里雪。"），又描写了战争的场面（"寒沙连骑迹，朔吹断边声。胡尘清玉塞，羌笛韵金钲。"），还记录了凯旋的喜悦（"扬麾氛雾静，纪石功名立。荒裔一戎衣，灵台凯歌入。"）。

文成公主入藏

641 年（贞观十五年），文成公主出发前往吐蕃和亲，随行的有唐朝的送亲使李道宗和吐蕃的迎亲专使禄东赞。他们从长安出发，途经西宁，翻日月山，历经 3000 多千米的长途跋涉，终于到达逻些（今拉萨）。

布达拉宫

热情的吐蕃百姓

铜钦是藏区特有的铜管乐器之一，主要用于盛大庆典或召集臣民。你能在画面中找到吗？

哈达是吐蕃人民表示敬意和祝贺用的长条丝巾或纱巾。这个正等待为文成公主献上哈达的小伙子在哪里？

文成公主从大唐带去了大量丝织品以及书籍。有一个大大咧咧的宫女竟然把手中的书卷弄掉了，她在哪儿呀？

松赞干布

成公主

释迦牟尼
十二岁等身像

藏族人民能歌善舞，快把这个跳舞的姑娘找出来吧！

文成公主还带去了十分珍贵的释迦牟尼十二岁等身像，供奉在现在的大昭寺内。你能找到佛像旁这位虔诚的僧人吗？

←← 吐蕃是古代藏族人的自称吗？ →→

是的。吐蕃一词，最早见于唐朝汉文史籍中。吐，一般是指大的意思；蕃，是古代藏族人的自称，原词一般有两个解释，宗教或者农业。

在青藏高原上，自古就有人类生活的遗迹，据汉文史籍记载，藏族属于两汉时西羌人的一支。不过，藏族作为一个民族共同体，应该是以公元 7 世纪吐蕃政权的建立为标志。

吐蕃政权起源于雅鲁藏布江南岸支流的雅隆河谷，这儿至今还保留着吐蕃赞普的陵墓。据藏文史籍记载，吐蕃王室的始祖崛起于西藏山南地区的雅隆河谷，为"六牦牛"部的首领，在松赞干布以前已传二十余世。

吐蕃是西藏历史上第一个有明确史料记载的政权，先后持续了 200 多年。

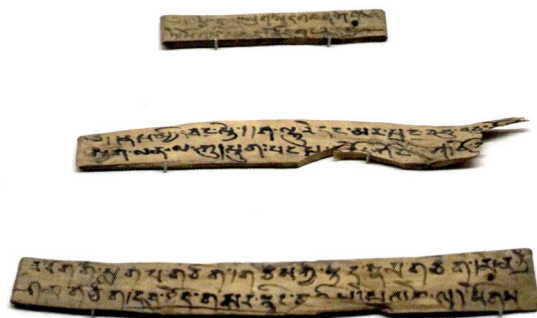

唐代吐蕃文木简

同时，松赞干布还创制文字，统一度量衡，制定了官制、兵制和相关法律，促进了吐蕃政治、经济、文化的全面发展，实现了吐蕃的崛起。

不断崛起的吐蕃王朝与日渐强盛的大唐王朝之间的矛盾变得越来越大。638 年，松赞干布率军进攻唐朝的松州，被唐军击退，史称"松州之战"。这一场大战，让双方都不敢再小瞧对方。

唐朝为什么要与吐蕃和亲？

634 年（贞观八年），松赞干布就曾提出想要娶一位唐朝公主，但被唐太宗拒绝。松州之战被唐军打败后，松赞干布再次派使者禄东赞向唐太宗请婚。

为了实现与吐蕃的长远友好，唐太宗在打了胜仗的情况下，仍然同意了和亲的请求。但他并没有选择自己的亲生女儿，而是将一位皇家宗室女子封为公主，嫁给了松赞干布，这就是文成公主。

为了表达对唐王朝的感谢和对文成公主的尊重，在逻些城，松赞干布按照唐朝的建筑风格为文成公主建造了一座华丽的王宫，就是现在的布达拉宫。

吐蕃政权是如何崛起的？

公元 7 世纪初，以雅隆族部落联盟为基础，经过不断对外扩张和兼并，吐蕃王朝得以建立。吐蕃首领达布聂塞、囊日论赞父子已经将部落联盟发展成为奴隶制社会，并逐渐将版图扩展到拉萨河流域，有了一定的崛起基础。

囊日论赞被人毒死后，他 13 岁的儿子松赞干布继承王位。松赞干布才智过人、英明勇猛，经过多年的南征北战，他统一了青藏高原地区，并在拉萨建立新都，开创了一代霸业。当时，吐蕃的疆域北至吐谷浑，南至泥婆罗（今尼泊尔）、天竺（今印度），东与唐朝相邻。

清代铜鎏金松赞干布像，藏于西藏自治区罗布林卡管理处。这尊松赞干布像的头巾上露出阿弥陀佛佛头，以显示松赞干布是菩萨的化身

布达拉宫

文成公主是松赞干布唯一的妃子吗？

不是。松赞干布一生之中一共有 5 个妃子，他的第一位妃子是来自泥婆罗王国的尺尊公主，文成公主是他的次妃，也是王后，另外 3 个妃子来自吐藩内部的贵族家族，分别是象雄妃、茹雍妃和蒙萨妃。

据《敦煌本吐蕃历史文书》的记载，有赞蒙尊称并且去世后享有祭祀，是地位不低于吐蕃王后的人拥有的待遇。在松赞干布的 5 个妻子中，只有文成公主有这样的待遇。因此，文成公主虽然不是松赞干布唯一的妃子，但在几位妃子中却是地位最高的。

文成公主进藏有什么意义？

文成公主进藏的首要意义是促进了唐朝与吐蕃的和平相处。在和亲后的 30 多年间，两国关系十分融洽，基本没有发生过战争。

文成公主进藏还促进了双方经济与文化的交流。她从唐朝带去了大批生产工具，许多树木、果蔬的种子，大量丝织品，以及历史、诗文、历算、医药、工艺等书籍，教导藏族妇女丝织刺绣，将唐朝先进的生产技术和文化带到吐蕃，促进了藏族政治、经济、文化的发展。松赞干布十分倾慕唐朝的文化，还派遣了大批吐蕃贵族子弟到长安学习诗书。

文成公主与松赞干布的故事，至今仍以戏剧、壁画、民歌、传说等形式广泛传播，布达拉宫内还保存着他俩的塑像。

还有哪位大唐公主曾去吐蕃和亲？

大概 70 年后的唐中宗时期，又有一位公主嫁到了吐蕃，这就是金城公主。

金城公主本名李奴奴，是唐中宗李显的养女。700—702 年，唐军先后两次击败吐蕃军队。707 年，吐蕃派使者到唐朝进贡，并向唐中宗请求联姻。唐中宗答应了使者的请求，并下旨封李奴奴为金城公主，嫁给吐蕃赞普赤德祖赞。

金城公主沿着 70 年前文成公主的旧道入藏，于 710 年底抵达逻些。赤德祖赞专门为她修建宫城居住。金城公主进藏时带去几万匹锦缎，还有许多书籍和乐工杂伎。和文成公主一样，她为巩固唐朝和吐蕃的和平关系、促进唐蕃文化交流做出了积极贡献。

和亲之后，唐和吐蕃的关系又经历了哪些波折？

虽然唐朝和吐蕃有和亲关系，但由于双方都想扩大自己的权势，还是不时会爆发冲突和战争。在这些战争中，唐军总体上占据优势。

但安史之乱后，唐朝内乱不断，逐渐走向衰落，吐蕃则趁机屡屡侵犯边境，占领了陇右、河西的大片地区。

763 年，吐蕃集结了 20 余万大军再次东进，但当时唐朝把持朝政的宦官程元振不以为然，竟然没向唐代宗报告。吐蕃大军一路杀到长安，几乎没遇到抵抗。兵临城下，唐代宗才惊闻敌军已到，干脆放弃长安，仓皇逃往陕州，守卫长安的军队也崩溃逃散。吐蕃军占领长安 15 天，烧杀抢掠，直到听说唐朝大将郭子仪即将杀到的消息，才匆匆撤退。

在此后几十年间，唐朝和吐蕃多次交战，唐军在郭子仪等大将的率领下多次重创吐蕃军，又逐渐收复了河西、陇右地区。

821 年，唐朝与吐蕃在长安会盟，重申"和同为一家"的关系，并分别在长安和逻些建碑，将会盟文字刻在碑上，史称"长庆会盟"。

此后，吐蕃内部也发生了 20 多年的内乱，877 年，吐蕃灭亡。

长庆会盟后建立的唐蕃会盟碑

知识拓展：《步辇图》与文成公主进藏有什么关系？

《步辇图》是唐朝画家阎立本的名作之一，被称为"中国十大传世名画"之一。它描绘的是松赞干布的使者禄东赞朝见唐太宗，请求和亲时的场景。

画面的右侧是唐太宗，他在宫女的簇拥下坐在步辇中，神情庄重威严。宫女们都穿着红色条纹的衣裙，她们有的举屏风扇，有的举旌旗，有的抬步辇，既烘托了唐太宗的至尊地位，又营造出喜庆的氛围。画面的左侧站着三个人，前面是典礼官，穿着红色的衣服，代表喜事将至；中间是禄东赞，穿着吐蕃的服装；后面是负责翻译的唐朝官员。

这幅图色彩典雅，线条流畅，构图错落富有变化，是唐代绘画的代表性作品，同时还是汉藏兄弟民族友好情谊的历史见证，具有重要的历史意义和艺术价值。

《步辇图》，现藏于北京故宫博物院

玄奘西行

为探究佛教各派的学说分歧，一个虔诚的僧人孤身前往天竺（今印度）。历经千难万险，终于在 645 年带着数百部梵文佛经回到长安，他就是名传千古的三藏法师——玄奘。

画中藏着一只蜥蜴，你能将它找出来吗？

护送的士兵

这几个僧人为什么这么慌乱？难道他们做了什么见不得光的事情？快把他们找出来当面对质。

古代的佛经都是写在贝多树的树叶上，叫作"贝叶经"，具有 2500 多年的历史，十分珍贵，有"佛教熊猫"之称。你能找到这个装着贝叶经的箱子吗？

佛像

玄奘

佛经

受惊的马把路边商贩的摊位碰翻了，你能在画面中找到这一幕吗？

你知道吗？回长安这一路上，玄奘都获得了沿线国家提供的交通工具和护送。在这样的接力下，玄奘和他带回的珍宝才能安然无恙到故乡。你能找到这个负责护送的卫兵吗？

简单来说，《西游记》的故事模本就是玄奘西行，唐僧正是以玄奘为原型，在其基础上进行艺术加工而产生的文学人物。

玄奘，生于602年，俗姓陈，名祎（huī），祖上曾是官宦人家。他13岁出家，为了钻研佛经，曾周游四川、湖北、河南、山西等地，拜访当地有名的佛学大师。

《西游记》里的唐僧文文弱弱，历史上的玄奘却是一个具有冒险精神的勇者。图为《玄奘负笈图》，画中的玄奘大师赤足芒履，身负满载佛经的行笈，前悬灯盏，生动表现了他日夜兼程、坚定取经的形象。这幅画工笔重彩，色泽典雅，据说是宋代画家所绘，现收藏于日本东京国立博物馆

玄奘西行竟然属于"偷渡"？

是的。《西游记》中的唐僧西行出发时，有唐太宗率文武百官亲自送行，但事实上，历史上的玄奘西行并没有这么风光。

由于当时的佛经翻译多有谬误，而且各派学说之间的分歧难下定论，勤奋好学的玄奘决心亲自赴天竺求法。然而，当时国家对于西行的管控十分严格，玄奘的请求没有得到官府的支持和批准。

后来，长安城爆发了饥荒，为了疏散难民，对于出城的管控有所放松。于是，一直暗中准备的玄奘乔装打扮成难民，终于走出长安城，踏上了西行之路。

由于没有官方的批准，玄奘的旅途并不顺利。幸运的是，玄奘很快遇到了一个重要人物的帮助，这个人就是高昌国国王麹（qū）文泰。

麹文泰为什么要帮助玄奘？

高昌国是一个信仰佛教的国家，在麹文泰这一代体现得尤为突出。629年（贞观三年），玄奘到达高昌国。麹文泰亲自迎接，热情款待，并极力挽留玄奘，被拒绝后甚至试图用武力阻拦玄奘离开，直至玄奘绝食数日，才允许其西去。

临走之前，麹文泰赠送给玄奘许多财物和侍从，并派遣25人、30匹马为他送行，还写信给龟兹等二十四国，恳求他们好生对待、护卫玄奘法师。

在麹文泰提供的物资以及通关文牒的帮助下，玄奘接下来的旅程顺利了许多。

西域著名佛国高昌国供养画

玄奘是西行求法的第一人吗？

不是，早在300多年前，魏晋时期的朱士行就曾远赴西域。

朱士行，颍川人，士族出身，260年（甘露五年）出家为僧。在当时的年代，大部分人还只是口头礼佛，朱士行却身体力行，毅然削发为僧，是中国历史上第一个出家礼佛的汉人。

朱士行在洛阳讲《道行般若经》时感到译文不当、难以理解，因此决定西行求经，并在于阗（tián）找到了《般若经》的梵文原本，从此定居于此，潜心抄写佛经，持续了20多年。抄写完成后，朱士行派遣弟子将经文送回洛阳，由无罗叉、竺叔兰等译出，名《放光般若经》。282年（太康三年），朱士行卒于于阗。

朱士行法号八戒，有说法称朱士行或许就是《西游记》中猪八戒的原型。

玄奘在天竺都做了些什么？

到达天竺后，玄奘先后游历了10多个国家，他遍访名师、虚心求教，一边学习佛教经论，一边巡礼佛教遗迹。在那烂陀寺，他早晚不辍，潜心修学5年，把寺中所藏经典几乎都研究了

一番，博学的名声传遍全印度。

641 年（贞观十五年），戒日王（印度戒日朝国王）决定以玄奘为论主，在曲女城召开盛况空前的佛学辩论大会。大会上，玄奘雄谈阔论，任人发问，却没有一个人能够辩倒他，一时名震八方。

玄奘为什么被称为"三藏法师"？

"藏"字在梵文里表示"盛放物品的筐箧（qiè）"，后来表示佛教经典的总称，包括：《律藏》（释迦牟尼为信徒制定的必须遵守的仪轨规则）、《经藏》（释迦牟尼在世时的说教以及后来增入的少数佛教徒——阿罗汉或菩萨的说教）和《论藏》（关于佛教教理的阐述或解释）。一般说来，通晓三藏的僧人会被尊称为"三藏法师"，简称"三藏"，玄奘就属于这种情况。

玄奘也许是大众最为熟知的一位三藏法师，但三藏并不是他独有的称号，其他有名的三藏法师还有鸠摩罗什法师、菩提灯法师等。

玄奘是什么时候回国的？

645 年（贞观十九年）春，玄奘取经归来，受到了宰相房玄龄等人的迎接。

玄奘向唐太宗讲述了他在西域及天竺的见闻，太宗对他大为赞赏，许以高官厚禄，但被拒绝。玄奘一生醉心于佛学，后来长期从事翻译工作，与其弟子共同翻译了大批佛经、论著，20 年间共译出佛经 75 部，共 1335 卷。我们今天所熟知的"印度""刹那"等词就是由玄奘拟定的。

652 年（永徽三年），为了保管从天竺带回来的数百部佛经，玄奘在大慈恩寺的西院主持修建了一座西域风格的藏经塔。这座塔最初叫慈恩寺塔，后被改名为雁塔，最终为了与荐福寺内的小雁塔区别开来而被改名为大雁塔

在翻译佛经方面，除了玄奘，还有谁做出了突出贡献？

鸠摩罗什祖籍印度，出生于龟兹。其父鸠摩罗炎在青年时舍弃相位出家，来到龟兹，当上了该国的国师。龟兹王有一个妹妹对鸠摩罗炎一见钟情，于是龟兹王强令鸠摩罗炎娶她为妻，婚后两人生下鸠摩罗什和弗沙提婆兄弟两人。

401 年（后秦弘始三年），鸠摩罗什到达长安。次年，应姚苌（cháng）之子姚兴的邀请，鸠摩罗什住到逍遥园西明阁，开始译经，先后翻译了《阿弥陀经》《大智度论》《百论》等大乘经典。

鸠摩罗什和玄奘是我国佛经翻译史上最重要的两位大师。两人的翻译各具特色，但都代表着我国佛经翻译的最高水平。

鸠摩罗什雕像

《大唐西域记》是玄奘写的吗？

《大唐西域记》，简称《西域记》，是玄奘根据自己的亲身经历口述、弟子辩机整理的著作。

全书分 12 卷，共 10 万余字。书中记载的不只是玄奘亲身经历过的西域及天竺的 110 个国家，也包括了他所听闻的 28 个国家，同时还有附带提及的 12 个国家。里面记载了这些国家、地区的都城、气候、物产及风土人情等状况。直到现在，《大唐西域记》也仍是研究古代中亚历史的重要史料。

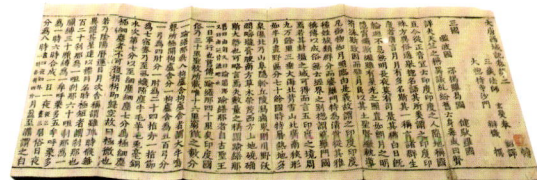

《大唐西域记》

除了玄奘，唐朝还有哪些高僧曾远赴印度学习？

除了玄奘，唐朝的义净、慧日、车奉朝等高僧也曾远赴印度学习佛法。

671 年，义净法师从广州出发，沿海路西行，于次年到达印度半岛东海岸。在印度期间，义净努力钻研佛法，并进行大量翻译工作。后来返唐时，带回将近 400 部佛经。

同样地，702 年，义净的弟子慧日也是通过海路抵达印度，学习佛法。历时 10 余载后，他经陆路返回长安。慧日带回了很多经像，被唐玄宗赐号为"慈愍三藏"。

天宝年间，一位名叫车奉朝的僧人（他原本是一个将领，后来出家）游礼诸寺，南行至中印度，停留并学习 3 年，于 790 年返回长安。唐德宗赐他法号"悟空"。有学者认为，《西游记》中孙悟空的原型可能就是他。

女皇武则天

690 年，武则天在神都洛阳称帝，改国号为"周"，自号"圣神皇帝"，成为中国历史上空前绝后的千古女帝。

卢舍那大佛

这只小白猫在干什么呢？你能将它和同伴都找出来吗？提示：小白猫的同伴是一只小黄猫。

"武林大会"

你能找到这个拿着"冰糖葫芦"的小女孩吗？不过，唐代没有冰糖，她手上的糖葫芦可能只是裹了一层糖浆或者蜂蜜。真正意义上的冰糖葫芦是在南宋时期才出现的。

武则天

奖励农桑

想知道这尊大佛与武则天的关系吗？翻到第 32 页去寻找答案吧！

广运潭盛会

　　唐玄宗李隆基即位后，大唐王朝迎来了它的巅峰时期。743 年春天，水陆转运使韦坚在广运潭策划举办了一场规模盛大的 "水上博览会"，可以视为这个富庶时代的标志性事件。

有几个人结伴而来，终于到达广运潭，可是好像有一个人掉队了，他的同伴正在呼唤他呢。你能在画面中找到这一幕吗？

望春楼

唐玄宗

韦坚

有一艘船上载着的特产是空青石、纸笔和黄连，猜一猜，你觉得这是来自哪个地方的船？翻到第 37 页去印证你的答案吧！

作为一名女子，武则天的登基之路困难重重，为了扫清障碍，她暗下令诛杀了不少大臣和李唐宗室。你能找到这个刚进宫的宫女吗？提示：她在一群低眉顺目的宫女之间显得与众不同。

则天

想知道这尊大佛与武则天的关系吗？翻到第32页去寻找答案吧！

奖励农桑

武则天在位期间，十分重视农业生产，奖励农桑，维护均田制，抑制土地兼并，这让当时的国家经济得到了稳固与发展。你能在画面中找到这个正在用牛犁地的农民吗？

←← 武则天有几个名字？ →→

武则天（624—705 年），并州文水（今山西文水东）人，与唐太宗、唐玄宗齐名的唐代著名政治家，武周开国君主，也是中国历史上唯一一位女皇帝。

武则天并非她的本名，她退位之后被称为"则天大圣皇帝"，去世之后被称为"则天大圣皇后"，因此，才有了这个尊称。至于她的本名叫什么，历史上并无记载，只知道她 14 岁被选入宫时，唐太宗称其为"媚娘"。

登基后，她亲自创造了 12 个新字，并且将其中一个字——"曌"（zhào）用到了自己的名字里，象征着女皇的权威如日月当空，光照万物。但后世传播最广的还是"武媚娘"和"武则天"这两个名字。

武则天塑像

龙门石窟的卢舍那大佛就是武则天命工匠根据她的样貌仪态雕刻而成的，是龙门石窟中艺术水平最高、整体设计最严密、规模最大的一座造像，以神秘的微笑著称，被国外游客誉为"东方蒙娜丽莎"

为什么叫神都洛阳？

洛阳城是隋唐两代东都，始建于 605 年（隋炀帝大业元年），重建于 656 年（唐高宗显庆元年），武则天登基之前，将东都改成"神都"。

武则天登基的具体地点在洛阳紫微宫的则天门。则天门始建于隋炀帝时期，隋朝末年，王世充改名为"顺天门"。李世民攻占洛阳后，因此门过于奢华，下令将其烧毁。唐高宗李治和皇后武则天长居洛阳，于 656 年重建此门，作为洛阳宫城的正南门。高宗去世后，武则天在此登基称帝，此后，这里成为朝廷举行重大庆典和外交活动的重要场所。

武则天为什么要造新字？

除了曌字，武则天还创造出了其他一些文字，这些新创造出来的字被称为"武周新字"。

之所以要创造新字，与武则天本人卓尔不凡、勇开历史先河的政治家性格有关。在她近半个世纪的政治生涯中，屡有惊人之举：将皇帝改为天皇，自己改称天后，并发布厉行改革的 12 条施政纲领，还与高宗李治同往泰山，首开皇后参与封禅的先例；大兴科举，广开言路，给社会底层优秀人才开辟出升迁之路，还组织编写《姓氏录》替代《士族志》，淘汰旧士族出局；发

兵攻陷平壤，灭高句丽，解决了隋文帝、唐太宗都没能解决的东北边境问题。

可见，作为中国历史上唯一一位女皇帝，武则天身上那种"自我作古"的豪迈气概是许多男性皇帝都望尘莫及的。

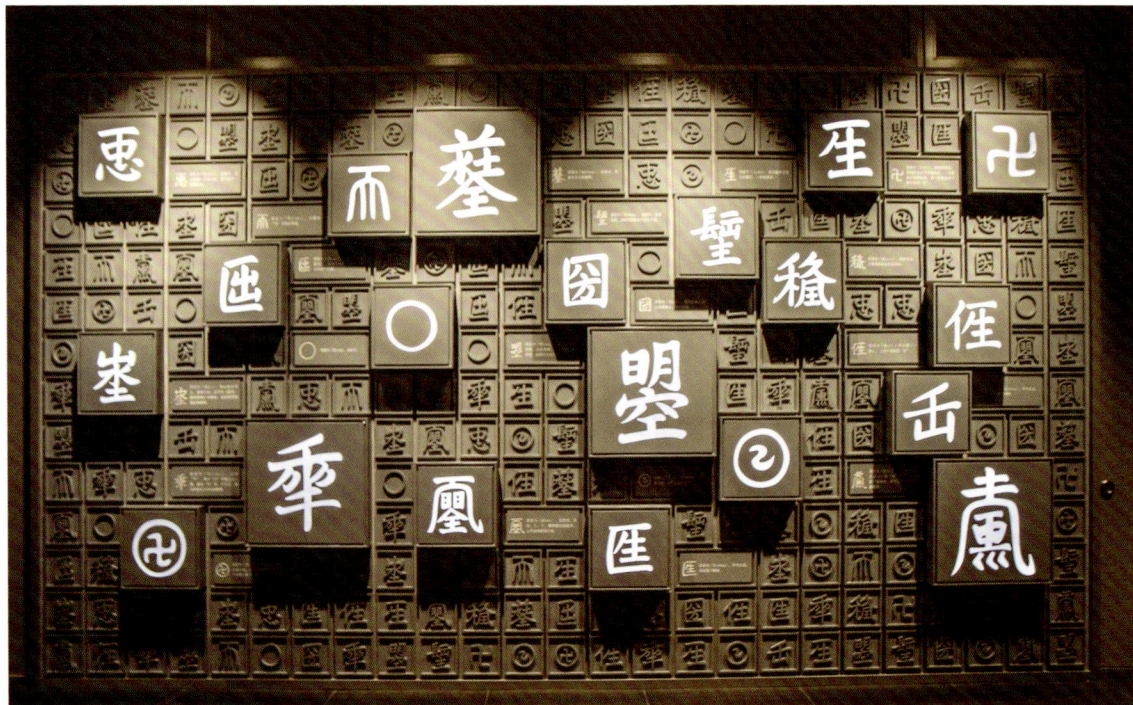

武周新字

武周时期有名相吗？

当然了，唐朝历史上名相辈出，比如唐太宗时期的房玄龄、杜如晦，武则天时期的狄仁杰、唐玄宗时期的姚崇、宋璟，其中最为大家熟知的应该就是狄仁杰了。

狄仁杰（630-700 年），字怀英，唐太原（今山西太原市西南）人。狄仁杰一生两度拜相，虽然加起来的时间总共才 3 年多，却比武周时期任何一个宰相都更让武则天尊重和信任。

狄仁杰为人正直，多谋善断，他在唐高宗仪凤年间首次出任大理丞时，掌审狱量刑，一年内处理积案 17000 多件，事后竟无一人叫冤，公正之誉不胫而走。当他作为负责唐高宗巡幸的知顿使时，地方官为讨好朝廷，准备调集数万民工别开御道，他坚决予以制止，从而获得唐高宗"真大丈夫"的赞语。

狄仁杰一生清正忠耿，犯颜直谏，拯救了万千百姓的性命，却因此而受到排挤，遭到贬职。在几经沉浮，重新入朝拜相后，他深

明弘治年间《历代古人像赞》中的狄仁杰。狄仁杰的知名度更多地与他的断案故事有关，比如 20 世纪荷兰汉学家高罗佩所著的《大唐狄公案》，称狄仁杰为"东方的福尔摩斯"

得武则天倚重，被尊称为"国老"。而狄仁杰也投桃报李，力劝武则天复立庐陵王李显为太子，并培植和举荐了一大批忠于唐朝的治世能臣，成为大唐社稷光复的重要支柱。

武则天为什么给自己留下一块"无字碑"？

705 年，武则天病殁于洛阳上阳宫，终年 81 岁。临终前，她留下遗言：赦免王皇后和萧淑妃等情敌、褚遂良和韩瑗等政敌；去帝号，称皇后，葬于乾陵，回归到李唐皇室的谱系之中。

乾陵是唐高宗李治和武则天的合葬陵，陵前并立着两块巨大的石碑，西侧的一块叫"述圣纪碑"，是武则天亲自撰文，唐中宗李显书写，为高宗歌功颂德的石碑，碑文中的每个字都填有金粉，光彩照人。东侧就是武则天的无字碑，碑身由一块完整的巨石雕成，刻着螭和龙，却没有一个字。关于无字碑背后的缘由，多年来众说纷纭，没有定论。但让人称奇的是，乾陵是今天唯一一座未被盗掘的唐代帝陵。

乾陵无字碑

武则天是一位好皇帝吗？

虽然武则天曾大肆杀害唐朝宗室，任用酷吏，晚年还逐渐豪奢专断，造成政局混乱，但是总体说来，武则天是一位有功绩的好皇帝。

后世的人们常常用"政启开元，治宏贞观"来评价武则天的政绩，意思是说她发展了唐太宗的贞观之治，又为唐玄宗的开天盛世奠定了基础。

在武则天统治时期，人口大量增长，国家疆域空前拓展，基层社会安定，生产力得到大幅提高。与此同时，科举制得到进一步完善，为国家发现和培育了许多优秀人才。这一切，都为即将到来的开天盛世打下了坚实的基础。

为什么唐代女性可以在公共舞台大放异彩？

唐朝，尤其是初唐时期，是一个相当开放的时代。这种开放，不仅表现在文化、政治以及中外交流上，而且表现在社会风气上，其中一个显著的特征，就是女性有着和男性近乎平等的地位。

这一时期的政治舞台上，除了武则天之外，还活跃着众多知名的女性，诸如韦后、安乐公主、上官婉儿、太平公主，等等。唐高祖的女儿平阳公主甚至有自己组建的武装力量，精兵上万，号称"娘子军"。

而早在武则天尚未登上皇后的宝座前，在民间就已经有了一位"女皇帝"——653 年，浙江发生了一次规模较大的农民起义，起义的领袖就是一位叫陈硕真的女子，她自称文佳皇帝。虽然她后来兵败身亡，只是昙花一现，但已经释放出当时女性要求参政、问鼎最高权力的信号。

"牝鸡司晨，惟家之索"，这句《尚书》中的古训代表着中国传统政治文化对女性从政的否定，而以武则天为代表的唐代女性，却以极大的勇气和智慧挑战着这一传统，成为盛世大唐光耀千古的一个明证。

唐·张萱《虢国夫人游春图》。画面中挥鞭前行、男装打扮的人就是杨玉环的三姐虢国夫人，贵妇男装出行，可见当时社会风气的开放

这个人在干什么呢？原来他是艄公，在和身后100位美女高声唱着《得宝歌》："得宝弘农野，弘农得宝耶！潭里船车闹，扬州铜器多。三郎当殿坐，看唱《得宝歌》。"

广运潭盛会

唐玄宗李隆基即位后，大唐王朝迎来了它的巅峰时期。743年春天，水陆转运使韦坚在广运潭策划举办了一场规模盛大的"水上博览会"，可以视为这个富庶时代的标志性事件。

有几个人结伴而来，终于到达广运潭，可是好像有一个人掉队了，他的同伴正在呼唤他呢。你能在画面中找到这一幕吗？

望春楼

唐玄宗

韦坚

有一艘船上载着的特产是空青石、纸笔和黄连，猜一猜，你觉得这是来自哪个地方的船？翻到第37页去印证你的答案吧！

广陵郡的船上是当地产的锦、镜、铜器和海味，其他船上都装着什么呢？翻到第37页，去寻找答案吧！

两岸围观的百姓

←← 李隆基是如何当上皇帝的？ →→

李隆基（685—762年），高宗李治与武则天之孙，睿宗李旦第三子，是唐朝在位时间（712—756年）最长的皇帝。

685年（垂拱元年），李隆基出生于东都洛阳。他出生的前一年，其父李旦刚刚被武则天推上傀儡皇帝的位子。李隆基5岁时，武则天以周代唐，正式登上女皇宝座，李旦被降为皇嗣。可以说，李隆基的青少年时代，基本是在严密的监管和政治打压下度过的。

同他一生标榜的曾祖李世民一样，李隆基也是通过政变之路上位的。710年（唐隆元年），李隆基与姑姑太平公主联手发动政变，诛杀擅权的韦皇后与安乐公主，拥立其父李旦登上皇位，自己则成为皇太子。712年（延和元年），李旦禅位于李隆基，李隆基于长安太极宫登基称帝，改元先天，后世称为唐玄宗。

李隆基即位后，先是用雷霆手段终结了"后武则天时代"动荡不安的政治局面，巩固了岌岌可危的李唐王朝，而后便励精图治，革除弊政，尚俭戒奢，虚怀纳谏，在姚崇、宋璟等一批贤相良臣的全力辅佐下，缔造了一个政治清明、经济繁荣、社会稳定、文化昌盛的太平之世——开天盛世。

元·任仁发《张果老见明皇图》，现藏于北京故宫博物院

"开天盛世"下的唐代有多繁荣？

开元和天宝是唐玄宗李隆基的两个年号，所以他开创的文明盛世被称为"开天盛世"。

"忆昔开元全盛日，小邑犹藏万家室。稻米流脂粟米白，公私仓廪俱丰实。"唐代大诗人杜甫这首著名的《忆昔》所回忆的，就是他曾亲身经历的那个如梦如幻的盛唐时代。

农业的发展，是盛唐经济繁荣的基础。据统计，开元、天宝年间，全国的耕地面积6.6亿亩，人均超过9亩，这个数字是今天中国人均耕地面积的8倍。

621年（武德四年），为整治混乱的币制，唐高祖李渊下令废隋钱，开铸"开元通宝"。有人以为开元通宝是开元年间才铸造的，这种想法是错误的，因为唐代初年就已经有开元通宝了

社会的安定和粮食的富足，使得社会经济空前繁荣，人口也大幅增长。据统计，726年（开元十四年）时，唐朝人口约为4100万人，而到30年后的754年（天宝十三年），全国人口数已增长至近7000万，仅长安城的人口就在百万以上。

广运潭是什么地方？

广运潭是盛唐时期主要的港口之一，遗址位于今西安东北光大门一带。

为了解决首都长安粮食运输问题，在唐玄宗的支持下，陕郡（今河南陕县）太守兼水陆转运使韦坚对全国水运进行了改革，把水道彻底地疏通了一遍，并在东郊望春楼下开拓了著名的水陆码头——广运潭。自此，每年从江南和中原运到长安的粮食由120万石增加到400万石，最多的时候甚至达到700万石。

在中国古代，水利是农业的命脉，因此唐玄宗时代在兴修水利方面也取得了超越前人的成就。据统计，贞观年间兴建的水利工程有26处；高宗时代31处；武则天时代15处；而玄宗开元、天宝时期，则共计兴修了46处水利工程，为唐朝前期的最高数字。

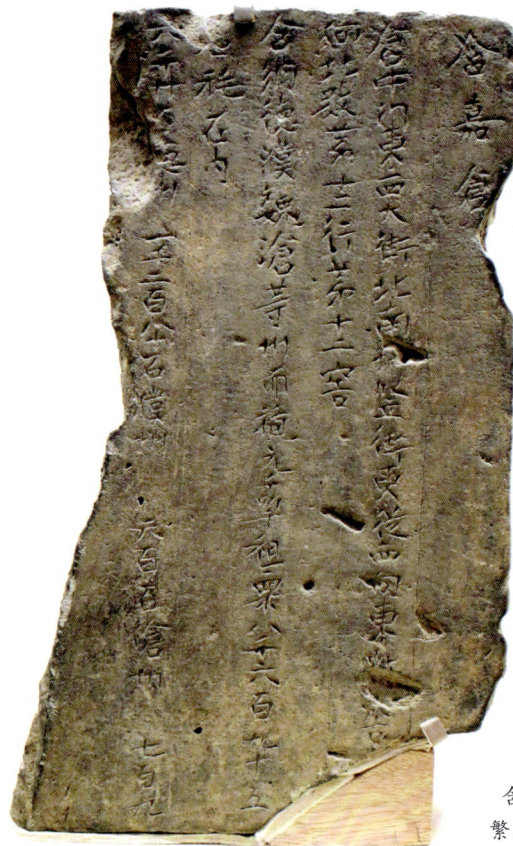

含嘉仓刻字铭砖
大名鼎鼎的含嘉仓，发现于河南省洛阳城区北侧，东西长约600米，南北长约700米，东西成行密集排列着粮窖400多个，每个窖口径最大约80米，深约12米，可储粮75万千克。含嘉仓还只是唐朝许多粮仓中的一个，可见唐代农业经济的繁盛

为什么要举办广运潭盛会？

有人说，广运潭盛会其实就是一场规模盛大的"水上博览会"。广运潭码头完工后，为了展示成果，韦坚预先准备了300多艘新船，分别标示各郡名称，除了满载大米外，每艘船上还陈列了各郡的土特产品。

743年（天宝二年），唐玄宗登上望春楼，检阅第一批漕运船队，和两岸的百姓们一起目睹

如今的广运潭还是 2011 年西安世界园艺博览会的主会址，图为园区内的观景塔——长安塔

这 300 多艘载满物品的船只从江南方向缓缓驶来，唐代商贸的发达和水运的畅通在这场盛会中得到了充分的展示。

而这些船上满载的各类商品也从侧面反映了当时国泰民安的繁荣景象。比如，江南的高级丝织品说明这里已呈现出发展成为唐代丝织品生产中心的趋势；豫章茶具反映了饮茶在唐代社会就已蔚然成风；宣城纸笔说明当时这里就已经成为文房四宝的生产基地；而广州船上所陈列的进口商品，则表明唐代的海外贸易在这一时期有了巨大发展。

唐玄宗是明君，还是昏君？

这个问题其实很难有一个明确的答案。

唐玄宗在位前期，抑奢求俭，勤政爱民，努力革除前朝以来卖官鬻爵的积弊，整肃官吏队伍，曾亲自考核县令，把不称职的人斥退。他效法太宗，虚心纳谏，重用贤相姚崇、宋璟，使

得社会安定，生产发展，经济繁荣，一举创下"开元之治"的伟业，推动唐朝进入全盛时期。所以，这一时期的唐玄宗毫无疑问是一位明君。

但是在统治后期，他却日益昏庸，不仅宠爱杨贵妃，整日饮酒作乐，不理政事，还重用奸臣，导致政治十分腐败，最终酿成安史之乱。持续 8 年的叛乱，使农业生产受到极大破坏，给人民带来无尽灾难，李唐王朝也从此由盛转衰，逐渐走向没落直至最终覆亡。

据史籍记载，每到唐玄宗生日这天，宫中不仅会有盛大的庆祝活动，舞马还会披金戴银，在乐曲声中翩翩起舞。一曲舞毕，舞马还会衔着酒杯到皇帝面前祝寿。这种宫廷娱乐形式虽然早已销声匿迹，但舞马的身影却永远定格在这件鎏金舞马衔杯银壶之上

知识拓展：开天盛世是如何衰落的？

天宝晚期，随着国家久无战事，朝堂上下一派歌舞升平，唐玄宗逐渐丧失了早期励精图治的精神，开始怠慢朝政、耽于享乐，由提倡节俭转为挥金如土。尤其是改元天宝后，政治愈加腐败，唐玄宗索性把国政先后交由李林甫、杨国忠把持，自己则沉迷后宫，宠幸杨贵妃。

李林甫被后世称作"口蜜腹剑"的宰相，他杜绝言路，排斥异己，专权用事长达 19 年；杨国忠则是凭借其妹杨贵妃得宠而上位，公行贿赂，妒贤忌能，骄纵跋扈，不可一世。朝政腐败，让藩镇势力有机可乘。

任用蕃将，本是唐朝的习惯，开元以后，更是在边防普遍设立节度使制度，并大量起用胡人担任节度使，且这些节度使集军、民、财三政于一身，又常以一人兼统两至三镇，比如安禄山就身兼平卢（今辽宁朝阳）、范阳（今北京）以及河东（今山西太原）三镇节度使，麾下精锐部队达 15 万人，占全国边防军的 40%，是中央军的两倍多。

手握重兵的安禄山，很能讨唐玄宗的欢心，由此成为天下第一宠臣。杨国忠和安禄山争宠，双方闹到了水火不容的地步。为此，杨国忠屡屡进言说安禄山要造反，安禄山被逼得走投无路，又见内地守备空虚，从而扯起了反旗。

755 年 12 月 16 日（天宝十四年十一月初九），安禄山以奉密诏讨伐杨国忠为借口在范阳起兵，从此掀起了长达 8 年之久的安史之乱，大唐王朝也从此由盛转衰。

萧玉田《开元宴乐图》

遣唐使来华

强大而包容的大唐就像一座灯塔，日本、新罗、吐蕃、天竺、大食等国陆续派出大批的使团和留学生，到唐朝来学习律令制度和先进文化。其中，日本派出的遣唐使更是成为中日文化交流史上的空前盛举。

你知道吗？在唐代，扬州是重要的国际港口，当时从日本到长安的遣唐使都要从扬州登陆。

李白

阿倍仲麻吕

742年，日本的学问僧荣睿、普照在回国途中来到扬州大明寺，请求当时的大明寺住持鉴真大师去日本讲佛授戒，于是就有了历史上著名的"鉴真东渡"。

遣唐使对于唐朝的学习是全方面的，除了律令制度，他们对于唐朝的建筑和都城规划也产生了浓厚的兴趣。你能找到这几位正在学习相关知识的遣唐使吗？

李白怎么会和日本的遣唐使在一起交谈？他们难道认识吗？想知道他们的关系，就翻到第十一页去寻找答案吧！

大明寺

遣唐使

迎接的唐朝官员

扬州只是一个短暂的落脚点，遣唐使来到唐朝的最终目标是抵达璀璨夺目的世界之都——长安。瞧，又有一批遣唐使向长安进发了。

← ← 大唐文明为何能声名远播？ → →

英国著名历史学家汤因比曾经说过，假如让他再活一次，重新选择出生的城市，他一定会舍弃 20 世纪的伦敦，选择 7 世纪的长安。由此可见，1000 多年前的唐朝，在世界上具有多么独特而崇高的地位。

据统计，唐朝曾先后与世界上 300 多个国家和地区有交往。为了接待各国使节和来宾，唐朝政府专门设立了鸿胪寺。长安城中甚至还有专供外国人长期居住或定居的"番坊"。

623 年，日本留学生慧日等人在向日本政府做归国汇报时，就曾这样写道："大唐之国，乃法式（法典与仪式）完备优秀之国。务必再派使者，与大唐建立国交，敬请定夺。"

而不断往返大唐与各国间的这些留学生和学问僧，也为推动当时乃至后世的各国发展及跨文化交流做出了贡献：比如创造了片假名、为日本文明做出贡献的吉备真备；担任过大唐回聘日本使节、为中日友好牵线搭桥的阿倍仲麻吕；从大唐回国后开宗立派的日本高僧空海和最澄。

空海（774—835），俗名佐伯真鱼，谥号弘法大师，曾于 804 年到达大唐，遍访名寺，806 年回国后，创立佛教真言宗。由他编纂的《篆隶万象名义》，是日本第一部汉文辞典，其另一部重要著作《文镜秘府论》，不仅促进了日本对唐朝文化的理解和吸收，也是了解汉唐中国文学史的重要资料。1997 年，日本佛教界友好人士向中国捐赠一尊空海大师塑像，立于洛阳白马寺清凉台西侧，以示纪念

遣唐使是一群什么人？

所谓遣唐使，是指从公元 7 世纪初至 9 世纪末约 264 年时间里，日本为了学习中国文化，先后向唐朝派出的十几批遣唐使团成员。

630 年（贞观四年），日本派出了第一批遣唐使，并且在长安住了整整两年。此后，日本大约每隔 20 年派出一批遣唐使，有官方记载的一共 19 次，使团的人数规模也越来越庞大。唐

初，遣唐使团不超过 200 人，而从 8 世纪初起，人数动辄都在 500 人以上。其中，规模最大的一次是在 834 年（唐文宗太和八年），共有 651 人；其次为 732 年（唐玄宗开元二十年）和 716 年（开元四年），分别为 594 人和 557 人。这些遣唐使多数都踏上了中华大地，但也有人不幸中途遇难或客死他乡，再也没能回到祖国日本。

需要指出的是，以"日本国"名义派出的遣唐使首次造访长安，是在 702 年，此前则是称"日本国"为"倭国"。

学到中国的先进制度后，日本做了什么？

当然是改革了。

645 年（贞观十九年），孝德天皇宣布模仿中国建立年号，定年号为"大化"。次年正月初一，孝德天皇颁布《改新之诏》，正式开始改革，史称"大化改新"。这次改革建立了日本自己的政治与法律体系，革新派以唐朝律令制度为蓝本，参酌日本旧习，从经济到政治方面进行了全面改革。大化改新解放了部分生产力，初步建立了中央集权的封建国家体制，奠定了日本的国家发展方向。

其实这并不是日本学习中国后进行的第一次改革，早在隋朝时期，日本就曾进行过圣德太子改革。

7 世纪初，为建立以天皇为中心的中央集权体制，挽救社会危机，圣德太子实行了一系列改革，其中就包括接受中国的尊王大一统思想，派遣隋使和留学生，积极学习中国文化，恢复与中国断绝一个多世纪的邦交，为此后的大化改新奠定了基础。

有哪些外国人曾在唐朝做官？

唐朝时，政府鼓励外国人来中国进行贸易，允许他们在中国居住、任官、通婚。有很多外国留学生到唐朝读书之后，进而参加科举考试，最后终身在唐朝为官。其中，仅国子监里的新罗留学生就有 200 多人。

据统计，唐朝前期强大的时候，平均每个皇帝在位时做官的外国人能多达 3000 人，其中不乏声名显赫者。比如，波斯大酋长阿罗憾曾以唐朝使者身份出使东罗马等国，因功被授予开国公，并一直在中国活到 95 岁高龄；一代名将高仙芝是高丽人，他曾官拜安西节度使，相当于今天的军区司令员；最有名的是一个名叫阿倍仲麻吕的日本人，他的中国名字叫晁衡。

首流传千古的《哭晁衡卿》："日本晁卿辞帝都，征帆一片绕蓬壶。明月不归沉碧海，白云愁色满苍梧。"

幸运的是，后来晁衡又辗转回到了长安，可惜的是，一直到770年去世，他也未能再次踏上日本的国土。

高句丽，南北朝时期改称"高丽"，是公元前1世纪至公元7世纪在今中国东北地区和朝鲜半岛存在的一个政权。集安博物馆是我国乃至世界唯一以展示高句丽历史文化为主的专题博物馆

晁衡在中国待了多少年？

717年（唐玄宗开元五年），当时年仅19岁的晁衡跟随第八个遣唐使团来到长安的太学就读。完成学业后，他便以优异的成绩留在唐朝任职，并深得唐玄宗赏识，官居秘书监监正，相当于今天的国家档案馆馆长。他还与著名诗人李白、王维结成了好友。

753年（天宝十二年），年事已高的晁衡思乡情切，便向玄宗皇帝请辞告老还乡，跟随遣唐使的船只回国，不料途中遇险，船只漂到越南，友人们误以为他已经遇难，极为悲伤，李白还为此写下了一

阿倍仲麻吕诗碑，上面用中日两种语言写下了阿倍仲麻吕的一首诗："翘首望东天，神驰奈良边。三笠山顶上，想又皎月圆。"诗句虽然简短，却表达出了浓浓的思乡之情

知识拓展：唐朝——东亚文化圈的核心

据学术界研究划分，古代亚洲存在着三大文化圈：以阿拉伯－伊斯兰文化为中心的西亚文化圈；以印度教、佛教以及相应的梵文和巴利文经典为共同经典的南亚文化圈；以汉文化，尤其是儒学为中心的东亚文化圈。

之所以说唐朝是东亚文化圈的核心，是因为它对周边国家产生了广泛而深远的影响。隋朝灭亡后，唐朝再次建立起统一的大帝国，高句丽、百济、新罗纷纷接受了唐朝的册封，不久后，倭国（今日本）也派出赴唐使者，国际关系重回正轨，也确立了唐朝的核心地位。

东亚诸国之所以接受唐朝册封，向唐朝朝贡，并以各种形式向唐朝示好，是因为隋唐时期结束了此前长期的纷乱割据局面，政治昌明，国力强盛，且以唐太宗为代表的统治者具有空前的世界眼光，对各国人民和文化也持开放包容的态度。唐太宗曾言："自古皆贵中华，贱夷、狄，朕独爱之如一，故其种落皆依朕如父母，朕所以成今日之功也。"

当时，周边东亚诸国形成时间都比中国晚，尚处在"欠发达"的阶段。因此，唐朝成熟的国家机构建制及其运作方式，治理国家的法律和政治制度的基础——律令制度，以及唐朝的城市建设、科学技术、工艺美术、文学语言、宗教思想等，对周边诸国都具有极大的吸引力，也成为它们竞相学习的典范。

如皋唐代木帆船模型
1973年6月，在江苏省如皋县蒲西乡出土了一艘唐代木帆船，其中用到的水密隔舱制造技术，直到18世纪时才被西方使用

诗仙李白

　　盛唐不仅是经济繁荣的高峰，也是文化兴盛、诗歌发展的黄金时代。如果说无数伟大的诗人仿佛繁星点缀着这个辉煌的时代，那么，其中最璀璨的一颗一定是李白。

你知道吗？唐代人已经开始养宠物了，画面中就有一只被蝴蝶吸引的宠物狗，你能找到可爱的它吗？

华清宫

杨贵妃

唐玄宗

你好奇吗？这些人都在干什么呢？为什么皇帝来华清宫要带着他们呢？第十五页的内容会解答你的疑问。

李白

高力士

唐玄宗十分宠爱杨贵妃，为了讨她欢心，甚至不惜命人快马加鞭，从千里之外的岭南运来新鲜的荔枝，以至于杜牧的《过华清宫》中这样写道："一骑红尘妃子笑，无人知是荔枝来。"

43

←← 李白到底是哪里人？ →→

李白（701—762 年），字太白，号青莲居士，又被称为"谪仙人"，有《李太白集》传世。李白是唐代最伟大的浪漫主义诗人，被后世誉为"诗仙"，与杜甫并称为"李杜"。

李白出身于富商家庭，少年时期生活于巴蜀大地。他性格洒脱，豪放浪漫，喜欢饮酒作诗，四处游历，广交朋友。

关于李白的身世，至今仍然说法不一。有人认为他的祖籍在陇西成纪（今甘肃静宁西南），不过，越来越多的学界人士认为，李白出生于西域的碎叶城，也就是今天的中亚国家——吉尔吉斯斯坦境内，所以有观点认为，李白有可能是位"外国人"。其实，碎叶城在当时大唐的疆域之内，李白是"外国人"一说并不属实。

位于四川省江油市青莲镇的李白故里

翰林院待诏牌匾（清光绪年间）

李白这么有才华，为什么不参加科举考试？

很多人以为，李白洒脱豪爽的性格，不屑于参加科考，也不愿意当官。其实，在学而优则仕的时代这是不可能的，李白本人也多次说过"要白衣取卿士"。李白不参加科举，可能还跟他的家世身份有关。

在唐朝的时候，参加科举是有一定的身份要求的，李白出身于商人家庭，社会地位不高，所以没有资格参加考试。后世也有研究认为，李白的祖先可能因罪流放到西域地区，罪臣子弟的身份也让他无缘科举。

尽管如此，刚开始的时候，李白并没有放弃谋求官职的意图，他经常写诗词歌赋献给皇室以及重臣，希望获得赏识，被破格录用，走一条"献赋谋仕"的道路。果然，李白的名气引起了唐玄宗的关注，742 年他被召入宫廷，供职翰林院，开始了短暂的仕途生涯。

李白在翰林院做了些什么？

在唐玄宗时期，翰林分为两种，一种是供职于翰林学士院的翰林学士，一种是供职于翰林院的翰林供奉。前者担当着起草诏书的重要职责，但是后者并没有什么地位，只是陪皇上游赏的御用文人和术士。而李白无疑属于后者，流传千古的《清平调词三首》就作于这一时期。

传说，在 744 年（天宝三年）的春日，唐玄宗和杨玉环在华清宫的沉香亭观赏牡丹花，并召李白入宫，写诗助兴。李白一挥而就，写下了《清平调词三首》。三首诗写得流光溢彩，令在场的人纷纷赞叹，特别是其中的第一句——"云想衣裳花想容，春风拂槛露华浓"，更是千古名句。

华清宫在什么地方？

华清宫，又称华清池，是唐代皇家的别苑，位于现在的陕西省西安市临潼区，它与颐和园、圆明园、承德避暑山庄并称为中国四大皇家园林。

华清宫建于唐初，到唐玄宗时期达到鼎盛状态。唐玄宗几乎每年十月都要带着杨贵妃以及亲信大臣来这里暂住，称为"避寒"，规模有上千人之巨，直到第二年开春才回长安。

从某种意义上说，华清宫也见证了唐玄宗与杨贵妃的爱情故事以及开天盛世的繁荣景象。

李白一生中都游历过哪些地方？

从诗文就可以看出，李白一生都在四处游历。

青年时期，李白就游历过峨眉山、三峡、江陵、洞庭湖、庐山、扬州等地，认识了一些朋友。后来，李白在湖北安陆与前丞相的孙女结婚，生活总算稳定了一段时间。

中年时期，李白远赴长安，开启了一段京城的游历生活。在长安，李白声名大噪，受到

杨贵妃画像

诗仙之外，李白还有两个称号，"酒仙"和"剑仙"，说明他不仅爱喝酒，剑术也不凡，所以四处旅行也不用担心安全问题

唐玄宗以及一些名臣的赏识，但是也受到过权贵的排挤。

老年时期，李白离开长安后，又去探访了梁宋、齐鲁、燕赵、江浙等地，他与杜甫就是在这时结识的。

为什么说杜甫是李白的超级粉丝？

744 年的一个夏日，43 岁的李白与 32 岁的杜甫在洛阳城第一次相遇。两位大诗人一见如故，一起饮酒打猎，谈古论今，十分快活。

当年秋天，他们又相约在梁宋会面，同游了孟诸、齐州等地。第二年，两人又在兖州相遇，而这也是他们最后一次见面。

虽然见面的时间很短，但二人结下的友谊却屡屡被后世称颂。在杜甫现存的 1440 首诗中，有 15 首是写给李白的，而李白现存近 1000 首诗中，也有 4 首是关于杜甫的。

从诗文数量上，两位大诗人关系好像不对等，其实也可以理解，李白和杜甫相差 11 岁，当时李白已经在诗坛红透半边天，而杜甫则刚刚出道，可以说，杜甫是李白的超级粉丝。

位于四川省成都市青羊区青华路的杜甫草堂博物馆

李白有存世的书法吗？

李白唯一存世的书法是《上阳台帖》，现收藏于北京故宫博物院。744 年，李白与杜甫同游王屋山阳台观，并寻访道士友人司马承祯。他们到了阳台观，才知道司马承祯已经离世。想起司马承祯对自己的情谊，李白十分动情，有感而发写出了《上阳台帖》。

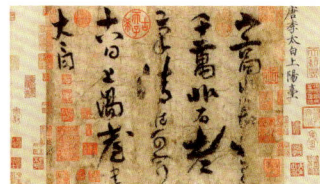

《上阳台帖》

《上阳台帖》一共 25 个字："山高水长，物象千万，非有老笔，清壮可穷。十八日，上阳台书，太白。"既写出了王屋山的自然风貌，也写出了对司马承祯的仰慕之情。书法潇洒飘逸、苍劲雄浑，传达了李白的独特气质。

知识拓展：李白诗歌之最

李白一生创作了上千首诗，内容丰富，形式多样，辞采高华，其中，有些名句显示了李白独特的诗歌气质。

最自信的诗句——天生我材必有用，千金散尽还复来。（《将进酒》）

最忧愁的诗句——抽刀断水水更流，举杯消愁愁更愁。（《宣州谢朓楼饯别校书叔云》）

最深情的诗句——桃花潭水深千尺，不及汪伦送我情。（《赠汪伦》）

最潇洒的诗句——仰天大笑出门去，我辈岂是蓬蒿人。（《南陵别儿童入京》）

最孤独的诗句——举杯邀明月，对影成三人。（《月下独酌四首·其一》）

最夸张的诗句——飞流直下三千尺，疑是银河落九天。《望庐山瀑布》

最有骨气的诗句——安能摧眉折腰事权贵，使我不得开心颜。（《梦游天姥吟留别》）

最励志的诗句——长风破浪会有时，直挂云帆济沧海。（《行路难·其一》）

为什么说唐诗甲天下？

唐诗远远超过了任何一个时代的诗歌，可谓是空前繁荣，这背后主要有四个原因。

首先，经济社会的繁荣。唐朝结束了长期的分裂割据和社会动荡，经济得到了深入发展，出现了贞观之治、开天盛世等繁荣景象，这为诗歌创作提供了良好而稳定的外在环境。

其次，文化的交流共融。唐朝是一个开放包容的王朝，吸纳了很多外来文明，也继承了优秀的传统文化。世界各地人民带来的书法、音乐、绘画、舞蹈等，又与诗歌融合在一起，真正打开了诗人们的眼界和格局。

再次，宽松自由的政治环境。唐代统治者总体上对于文人、诗人是比较宽容的，大多数皇帝本身也比较喜欢诗歌。文禁松弛的政治气氛，解放了诗人的创造力和想象力，使他们无所顾忌地追求诗歌的内容深度和形式之美。

最后，科举制的推波助澜。唐朝沿用了隋朝首创的科举制，推动了文人对诗歌的创作和研究。唐朝科举制中，进士就重在考查诗赋，刺激了读书人为此钻研、琢磨。

鉴真东渡

　　742 年（唐天宝元年），日本学问僧荣睿、普照到达扬州，恳请鉴真东渡日本传授"真正的"佛教，为日本信徒授戒。为了弘扬佛法，鉴真毅然应允，踏上东渡之旅。

地上为什么铺满了鲜花？翻到第五页，去寻找答案吧！

圣武太上皇

鉴真曾经与日本本国"自誓受戒"派在兴福寺公开辩论，在辩论中，曾经激烈反对鉴真的僧人们皆被折服，自愿舍弃旧戒。这位僧人在哪儿呢？

鉴真东渡之前，佛教已经在日本存在了 200 年，但一直没有统一、规范的受戒制度。在当时的日本，普遍存在托庇佛门以逃避劳役赋税的现象。

鉴真

光明皇太后

孝谦天皇

日本贵族

你知道吗？孝谦天皇是一位女天皇，不仅一生两度为帝，而且终身未婚，也没有留下子嗣，可以说是日本皇室历史上的一位传奇人物。

在唐朝文化的影响下，日本贵族的服饰也根据颜色进行等级划分，等级自上而下的服饰颜色为深紫、浅紫、绯、绀（gàn）、绿。以此为标准，看看画面中的人物都是什么身份？

鉴真的东渡之路顺利吗？

与玄奘西行一样，鉴真的东渡之旅同样也是历尽波折。由于地方官阻挠和海上风浪险恶，东渡之行先后四次都接连失败。

第五次最为悲壮，那一年鉴真已经60岁，船队刚出海不久就遇到狂风巨浪，最后漂流到海南岛，这期间邀请鉴真东渡的日本学问僧荣睿病死，鉴真也不幸身染重病，双目失明，不得不再次无功而返。

753年（天宝十二年），日本遣唐使藤原清河在阿倍仲麻吕的陪同下，专程赴扬州拜访了鉴真。同年，65岁高龄的鉴真踏上了第六次东渡之旅，历尽千辛万苦，终于在754年到达日本首都平城京（今日本奈良），完成了11年的心愿。

鉴真（688—763年），唐代高僧，因为东渡日本而名垂青史，在日本享有极高地位，被尊称为"过海大师"。鉴真俗姓淳于，扬州江阳（今江苏扬州）人，14岁在扬州大明寺出家。他曾赴长安、洛阳寻访名师。在长安期间，鉴真勤学好问，不拘泥于门派之见，广览群书，遍访高僧。除佛经外，在建筑、绘画，尤其是医学方面，都有一定造诣。回扬州后，他出任大明寺住持，兴修寺院，造塑塑像，宣讲佛法，传授戒律，先后为4万余人剃度，成为声名远播的一代律宗高僧（中国佛教分为十宗，律宗是持戒律最严的一派）

东渡苑是唐代高僧鉴真第六次东渡之行的启航处，位于江苏苏州的张家港

鉴真到日本后是否受到了欢迎？

当然，鉴真的到来轰动了整个日本，全国上下奔走相告，从登陆地到奈良，鉴真这一路上都受到了热烈的欢迎。据说当时日本全国的鲜花都被摘光了，民众们把道路打扫得干干净净，然后用鲜花铺满道路，只为了让大师的双脚不要沾上泥土。

到达奈良后，鉴真还受到了孝谦天皇和圣武太上皇的亲自接见。鉴真还在东大寺大佛殿前开设戒坛，为孝谦天皇、圣武太上皇以及众多高僧传戒。

传戒是什么仪式？

传戒是佛教中最隆重、最庄严的法事，由具有一定资格的僧人或佛教徒主持，设立法坛、传授戒法。参加并接受戒法的人，叫作受戒。

因不同教派对教义的不同理解，产生了不同的戒条，比如五戒、八戒、十戒、具足戒等。普通人受"十戒"，就成了"出家人"，表示接受了佛教的规约，成为佛的弟子，属于僧人的预备阶段；接受了具足戒后，则正式成为僧人，并可以获得僧人的凭证。

谢振瓯《唐大和尚鉴真东渡图》

鉴真大师在日本都做了些什么，有什么影响？

鉴真到日本之前，佛教已经在日本存在了200年，但一直没有统一、规范的受戒制度。756年，鉴真被封为"大僧都"，统领日本所有僧尼，在日本建立了正规的戒律制度，被称为"传戒律之始祖"。可以说，鉴真东渡对日本最直接的影响，就是改变了日本僧侣以往的无序状态，帮助日本佛教建立起完整的律法制度。

不仅如此，在日本，鉴真系统地讲授佛经，成为日本佛学界的一代宗师。他根据中国唐代寺院建筑的样式，设计和主持修建了唐招提寺。这座以唐代结构佛殿为蓝本建造的寺庙被视作日本国宝，留存至今。

鉴真还带去了大量佛经和医书，随行人员中还有许多艺术和医学方面的人才，他们把自己的技艺都毫无保留地传授给日本人民，大到教授唐朝的建筑技术和雕塑艺术，指导日本医生鉴定药物，小到传授豆腐的制作工艺，因此，鉴真还被誉为"日本汉方医药之祖"。

763 年，鉴真在唐招提寺圆寂，其弟子为他制作的坐像，至今仍供奉在寺中。日本贵族、曾受学于鉴真的著名文学家淡海三船还写下了《唐大和尚东征传》，来宣传鉴真的事迹。后来，鉴真更是被日本民众评为"对日本历史影响最大的中国人"。

日本奈良的唐招提寺

当时日本的社会状况是怎样的？

鉴真东渡时，日本正处于其历史上知名的"奈良时代"（710—794 年），这一时期的历代天皇都注重农耕，兴修水利，奖励垦荒，社会经济迅速发展。加上此时的日本深受中国盛唐文化的影响，又通过唐朝接收到印度、伊朗的文化，从而出现了日本历史上第一次文化全面昌盛的局面。

也正是从那个年代开始，日本陆续有一批批的遣唐使被派往大唐，与他们一起来唐的，还有留学生、学问僧、各类技术人员，他们在唐朝居留、游历、学习，将先进的唐朝文化带回日本。

在鉴真圆寂 70 多年后，他的一位三传弟子圆仁踏上了大唐的土地，还留下了一部游记作品《入唐求法巡礼行记》，为我们了解中日文化交流提供了一扇窗口。

《入唐求法巡礼行记》与《马可·波罗游记》一样吗？

圆仁最开始是以"请益僧"的身份随遣唐使来到大唐的，"请益僧"不同于"学问僧"，只能做短期的交流，然后随遣唐使一起返回日本。后来，圆仁不惜用"偷渡"的方式留在中国，可见当时大唐文化对日本的吸引力。

后来在高句丽人的帮助下，圆仁取得了合法的身份。从 839 年（开成四年）到 847 年（大中元年）的 8 年多时间里，他走遍了半个中国，其足迹遍及今天的江苏、山东、河北、山西、陕西、河南、安徽七省。在巡历的过程中，他用日记的方式记下了这段经历，这就是著名的《入唐求法巡礼行记》。

难能可贵的是，这本日记是用汉字写成的，共有四卷。它以一个外国人的视角，记录了中唐时代的地理人情、风俗制度、政治形态及百姓生活，是极为珍贵的史料。

在此书之后 450 年左右，出现了《马可·波罗游记》，但后者只是由别人整理作者的口述，与圆仁这部由作者亲撰且以汉文记录的日记相比，完全不可同日而语。

知识拓展：唐朝对日本有哪些影响？

可以说，唐王朝对日本的影响几乎无处不在。从日本最早的法典《飞鸟净御原令》，到系统的佛教制度和儒家思想；从日本编制的第一部全国户籍典籍《庚午年籍》，到日本留传至今最早的正史《日本书纪》；从封建制国家的立国根本——班田收授法和租庸调制，到沿用至今的日本文字；从日本第一座真正意义上的京城"藤原京"，到日本最早发行的货币"富本钱"，无一不是受到唐朝的影响。

而大唐遗风对日本的文学诗歌、书法绘画、工艺美术、民间风俗等方方面面的影响，就更是不胜枚举了，甚至牛郎织女的美好传说在日本也广为人知，如今日本夏季重要的传统节日之一"七夕节"，据说就是在奈良时代从中国传入日本的。

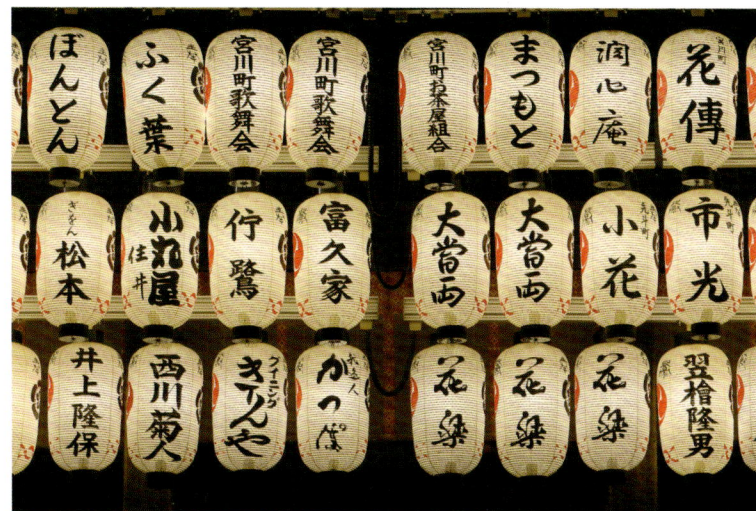

日本文字由汉字和假名两套符号组成，混合使用，这也是我们在日文中常常能看到熟悉的汉字，并且有时候意义也接近的原因，但是，它们两者的读音可是完全不同的

世界大都会长安

唐都长安的富庶、文明、开放和包容，吸引了当时世界各地的人们前来求学、游历甚至定居生活，此时的长安俨然是一个国际化大都会。

你能从画面中发现长安城的特点吗？翻到第52页，你会看到更详尽的解答。

太极宫

有一个富商的妻子准备回家看望父母，你知道她在哪儿吗？提示：她坐的是一顶蓝色的轿子，而且周围有很多随从。

大明宫

大雁塔

热闹的市井

糟糕！有两个小偷得逞了，他们马上就要逃走了！你能帮官兵找到这两个飞檐走壁的家伙吗？

鸟儿们在屋顶上小憩，好不快活，一只小松鼠在附近出现了，它要做什么呢？

←← 长安的前身是哪里？ →→

长安的前身是隋代的大兴城。582 年（开皇二年），隋文帝下诏营建新都，宰相高颎（jiǒng）亲自负责，而具体工程则由著名的鲜卑族建筑大师宇文恺主持。工程进展非常顺利，仅历时九个月，一座规模宏大、气势磅礴的新都就拔地而起。

因隋文帝早年被封为"大兴郡公"，这座新都就以"大兴"命名。次年三月，隋文帝正式迁入大兴城。

大兴城有什么特点？

大兴城的设计突出了两个特点：一是城市规模大气磅礴；二是将自然地形与中国传统文化结合得完美无瑕，建筑之中包含文化内涵。在规划设计上，宇文恺采用了方正对称的原则，又将皇家庭院和居民住宅完全分开，同时对地形、水源、交通、军事防御、环境美化等因素均有考虑，为其长期作为政治、经济、军事、文化中心奠定了基础。例如为避免发生粮食短缺问题而建的国家粮仓，就是其中的设计之一。

隋文帝为什么修建新都城？

这是因为在刚刚完成的改朝换代过程中，北周的宗室诸王基本上都被隋文帝屠戮殆尽，如果继续住在北周的皇宫中，他的心里难免会有些异样。更重要的是，他可以借营建新都之机，将朝中的政治空间进行重新规划和布局。

而且，汉代的长安城过于靠近渭河，西北角甚至也随着渭河的走向缺少一块。相比之下，位于汉长安城东南方向的隋唐长安城地势则要高爽许多，免除了渭河对都城的侵蚀和威胁。

除了大兴城，宇文恺还有哪些作品？

宇文恺生于一个军功显赫的豪门，两岁时即被授予爵位，但出身将门的宇文恺却"不好弓马好读书"，他精熟历代典章制度和多种工艺技能，官至工部尚书。主持修建大兴城时，他才只有 27 岁。

除了大兴城，宇文恺的代表作还包括隋文帝时代所建的仁寿宫（隋唐两代帝王的避暑宫殿），隋炀帝时代修建的"华丽程度远胜大兴城"的东都洛阳，为震慑突厥人而建的能同时容纳几千人的"大帐"，世界上最早的大型活动房屋、可容纳几百名侍卫的观风行殿，被百姓称为"富民渠"的隋代重要水利工程——广通渠，等等。

宇文恺（555—612 年），字安乐，鲜卑人，隋代杰出的城市规划大师和建筑工程专家，长安、洛阳两大古都的设计者

唐代的长安城有多大？

据《唐六典》记载，当时的长安城"东西长十八里一百一十五步"，"南北长十五里一百七十五步"，总面积近 84 平方千米，是现存西安老城的 7 倍。城内南北向街道 11 条，东西向街道 14 条，其中连通城门的 6 条街道是主干大街，其宽度多在 100 米以上，而朱雀大街的宽度更是达 155 米。

长安城最显著的特点是整齐划一，平面图犹如一个围棋盘。其总体结构由三大部分组成：宫城、皇城和京城（外郭城）。宫城是皇帝居住和处理朝政的地方，皇城是朝廷的各种政府机构，这两者是全城的核心，京城则主要是居民所在的里坊，以及东市和西市。

唐代的宫城包括太极宫、大明宫和兴庆宫，合称为"三大内"。太极宫位于全城北部正中，整体为长方形，隋代就已经修建，在唐代也被称为"西内"。太极宫的正殿是太极殿，唐高祖正是在这里登上了皇帝的宝座，而开创贞观之治的太宗也是在这里视朝听政的。

虽然太极宫在国家礼制空间结构中占据着核心地位，但大多数唐朝皇帝却并不生活在这里，大明宫才是他们日常起居听政的地方。663 年（龙朔三年），高宗迁往大明宫（又称"东内"）听政，从此以后，这里成为皇帝居住和听政之所。据勘测，大明宫总面积达 320 公顷，合 4800 亩，相当于北京紫禁城的 3 倍多。

著名的"东市""西市"有着怎样的繁华？

长安城内，纵横交错的街道将京城分为 108 个里坊和东、西两市，合称为"坊市"，这也是长安城最具活力的部分。每个坊的四周都夯筑着高高的坊墙，坊墙之内除了民居外，还有旅馆、当铺、酒楼等，大大小小的佛寺、道观也散布其中。

东、西两市在隋代称为"都会市"和"利人市"，它们分别位于皇城的东南和西南，各占两坊之地，是商业贸易的集中地。大体上说，东市是国内贸易中心，西市是国际贸易中心。尤其西市，更是整个长安城最为繁华热闹的地方，来自突厥、波斯、印度和中亚各国的胡人大多生活在此，并且经营着各种店铺。从奇珍异宝到针头线脑，一应商品不是买于东市，就是买于西市，久而久之，购物也就变成了"买东西"。

后来，随着社会的稳定与繁荣，东、西两市已经无法满足工商业迅速发展的需要，许多店铺也开始逐渐向两市附近的诸坊蔓延，比如东市附近平康、崇仁二坊的繁华程度就不亚于两市。

在唐长安城西市原址上再建的"大唐西市"，以盛唐文化、丝路文化为主题

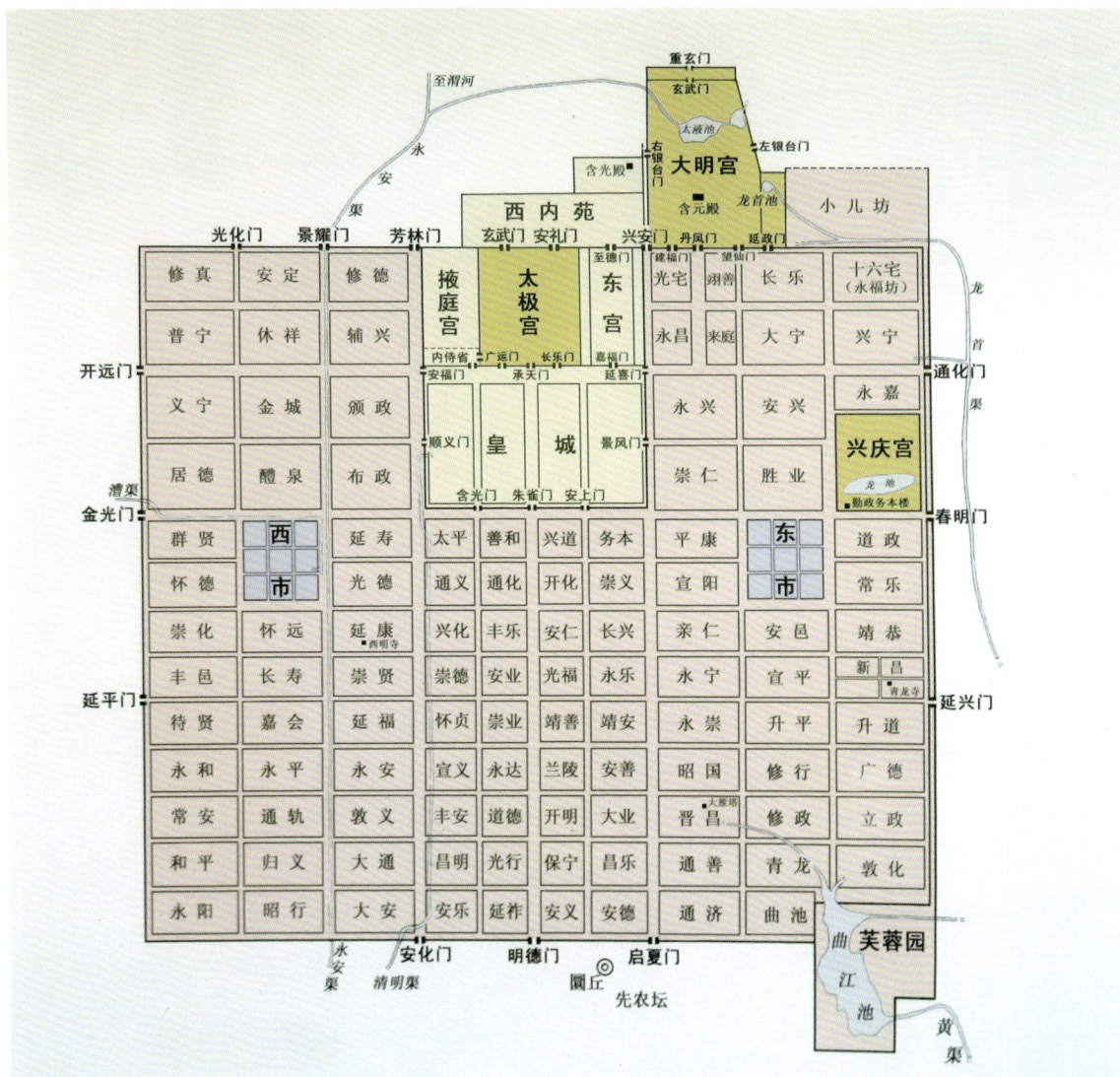
唐长安城平面图

长安为什么被称为"世界大都会"？

据统计，盛唐时期鸿胪寺的国宾馆里竟然住了几十个国家和民族的使节或代表，有的一住就是几十年，使命完成了也不回国。

据史料记载，仅在630年（贞观四年）平灭东突厥汗国之后，颉利可汗就曾率领一万多户突厥民众入住长安。安史之乱后，吐蕃占领了河西、陇右地区，使丝绸之路断绝，许多来自中亚各国的使臣不得不滞留长安，有的滞留时间甚至超过了40年。787年（德宗贞元三年），朝廷对留居长安多年，早已娶妻生子并有田宅的胡客进行了统计，竟发现有4000人之多。

由于这些背景各异的胡人的存在，唐代长安呈现出多姿多彩的别样魅力。无论是在绘画、音乐、舞蹈等艺术领域，还是在服饰、游乐等社会风俗方面，盛唐的长安都受到了异域文化的巨大影响。可以说，长安为世界各民族文化提供了一个交相辉映的巨大舞台，而经过各民族的充分融合，大唐文化也获得了丰沛的滋养。

壁画《客使图》反映了外国使者等待太子召见的情景，是大唐外交活动的真实写照，反映了盛唐时期内政外交的声望和唐都长安在中西文化交流中的重要地位

唐玛瑙兽首杯，是至今所见的唐代唯一一件俏色玉雕，也是唐代玉器做工最精湛的一件。因为其造型是西方一种叫"来通"的酒具，所以还可以看作是唐代中外文化交流的产物，现藏于陕西历史博物馆

辉煌壮丽的长安是如何变为一片废墟的？

从9世纪到10世纪初，长安经历了多次兵火战乱，宫室、城垣与坊市受到极大破坏。904年（天祐元年），后梁太祖朱全忠（又名朱温）逼迫唐昭宗迁都洛阳，并对长安城进行了一次毁灭性的大破坏。经过这次浩劫，长安城几乎变成一片废墟，曾经的世界都会只剩下断壁残垣，留给后人凭吊。

陕西历史博物馆的含光门遗址模型，含光门是迄今为止所发现最为完好的隋唐城门遗址